Paraguay

巴拉圭史

南美心臟

何國世　著

三民書局

國家圖書館出版品預行編目資料

巴拉圭史：南美心臟／何國世著.－－初版一刷.－－
臺北市：三民，2013
面；　公分.－－(國別史叢書)
ISBN 978-957-14-5743-7　(平裝)
1. 巴拉圭史

757.71　　101023506

© 巴拉圭史
——南美心臟

著作人　何國世
責任編輯　黃毓芳
美術設計　李唯綸

發行人　劉振強
著作財產權人　三民書局股份有限公司
發行所　三民書局股份有限公司
地址　臺北市復興北路386號
電話　(02)25006600
郵撥帳號　0009998-5
門市部　(復北店)臺北市復興北路386號
(重南店)臺北市重慶南路一段61號

出版日期　初版一刷　2013年1月
編號　S 750110
行政院新聞局登記證局版臺業字第○二○○號

ISBN 978-957-14-5743-7　(平裝)
http://www.sanmin.com.tw　三民網路書店

自 序

歷史是構成我們對於當下認識的基本要素，雖然有些歷史我們並沒有親身經歷過，但它們可以成為我們的某種特殊的「記憶」，為現在和將來提供借鑑。在全球強勢資訊的主導下，彼邦文化歷史與世界群貌，常被扭曲甚至流於皮相與膚淺。因此，大多數人對於他國的文化傳承與歷史發展，缺乏深刻的認識，甚至產生誤解。個人以為，要了解一個國家，除了她的風土人情，更要了解她的歷史，唯有如此，才能真正讀懂一個民族的性格。

基於長久以來對拉丁美洲歷史、文化的執著與熱愛，在陸續完成《墨西哥史——仙人掌王國》、《祕魯史——太陽的子民》、《阿根廷史——探戈的故鄉》、《巴西史——森巴王國》、《委內瑞拉史——美洲革命的搖籃》後，又應三民書局之邀，撰寫《巴拉圭史——南美心臟》。在經過個人專心地蒐集、整理與撰寫，以及編輯人員的精心編排，此書終於能與讀者見面。

巴拉圭是中華民國最大也是在南美洲唯一的邦交國，然而國人對該國的認識極為欠缺。因此，個人希望這本書的問世能產生拋磚引玉的效果，讓更多國內的民眾一起關心這遙遠的邦交國度。

本書目次及章節編排上並沒有特別著重描述巴拉圭歷史的某一個時期，也沒有將重點放在近代史，儘管近代史常被認為特別重要，也特別鮮活、真切。本書的敘述以政治、經濟為骨幹，俾使讀者釐清歷史發展的脈絡，同時也非常注意社會現象及生活文化等各方面的描述。

本書共區分三篇、七章。在第一章中，綜論巴拉圭的地理環境與氣候、人文與社會、風俗民情與飲食文化、自然資源與經貿概況以及政治、軍事與對外關係。第二章則敘述巴拉圭原住民瓜拉尼族的發展、西班牙對當地的發現、征服與早期的殖民，同時也介紹耶穌會王國的興衰，以及整個殖民時期西班牙對巴拉圭所造成的影響。

第三章主要在闡述1810年5月25日，巴拉圭爆發「五月革命」，推翻西班牙任命的總督，並成立拉布拉他臨時政府。同時筆者也說明獨立初期巴拉圭國家的建構與佛朗西亞的專制獨裁，以及羅培茲家族如何獨攬大權並挑起幾乎讓巴拉圭亡國的三國同盟戰爭。

在第四章中，筆者敘述十九世紀中葉起巴拉圭保守派的紅黨與自由派的藍黨的形成與競爭；此外也說明於1932年爆發的查科戰爭的始末，以及戰後的變局與二月革命；本章中最後將描述墨里尼戈的獨裁統治與慘烈的內戰。

第五章題為〈史托斯納爾獨攬大權時代〉。主要說明二次大戰後巴拉圭的各項發展，以及1954～1989年史托斯納爾獨裁時代的是非與功過。第六章則描述1990年代巴拉圭民主轉型所面臨的各種難題與挑戰。

在最後一章〈世代交替的前景與挑戰〉中，筆者詳細說明世代交替時期巴拉圭局勢混沌，以及2008年魯戈勝選，出現巴拉圭61年來首次政黨輪替。最後，筆者以巴拉圭何去何從為題，檢討巴拉圭現存的問題與預測未來可能的走向。

個人認為，歷史的解釋與時俱進，因考據的新發現、新時代面對的新問題等等，不同時期會有不同的看法。本書之作，多數論點與描述大致上是參考各種有關巴拉圭的中、外文書籍、期刊及網路的資料，書中如有錯誤，尚祈讀者不吝賜正。

本書能順利完成要特別感謝梁永鈴先生慷慨提供大量的參考書籍與資料，同時也由衷感謝內人曾素真及家人的全力支持，以及研究生翁瑞澤、朱玉涵等人的大力協助。此外，特別感謝提供豐富且寶貴資料的靜宜大學蓋夏圖書館。

何國世

巴拉圭史

南美心臟

contents

目　次

contents

第I篇
自然與人文

玻利維亞
拉海倫薩堡
奧林波堡
巴 西
佩德羅皮佩納博士城
巴 拉 圭
佩德羅胡安-卡瓦列羅
巴拉圭河
康塞普西翁
聖佩德羅
皮科馬約河
亞松森
巴拉瓜立
東方市
伊瓜蘇瀑布
維拉利卡
巴拉那河
阿 根 廷
皮拉爾
恩卡納西翁

圖 1：巴拉圭地圖

第一章
豐富多采的自然與人文

巴拉圭 (Paraguay) 位於南美洲中心，是一個沒有出海口的內陸國。在印地安人瓜拉尼 (Guaraní) 語中巴拉圭的意思是花草裝飾的河流，因河流在大水季節時常有花草漂浮於水面而得名。1516 年，西班牙人狄亞斯德索里斯 (Juan Díaz de Solís) 率領遠征軍抵達南美洲東部拉布拉他河流域 (Río de la Plata)，間接開啟巴拉圭歷史的序章。1537 年，巴拉圭淪為西班牙殖民地，直到 1811 年才完成獨立，建立共和國。獨立後的巴拉圭至 1930 年代，飽經戰亂，人口銳減，民生凋敝。1954 年起，巴拉圭陷入史托斯納爾 (Alfredo Stroessner) 將軍的強人軍事獨裁統治，直到 1989 年才開創民主政治的春天。巴拉圭的民主轉型尚稱平順，唯仍面臨國家發展停滯落後、貪污腐敗叢生、人民普遍貧窮等諸多急待克服、解決的重大問題。

圖 2：巴拉圭國旗　為三色旗，由紅、白、藍三橫條組成，中為國徽。

第一節　地理環境與氣候

一、地　形

巴拉圭為南美洲內陸國家之一，位於巴拉圭河谷中央，介於查科 (Chaco) 平原和巴西高原之間。其地形景觀非常豐富，總面積為 40 萬 6,752 平方公里，相當於臺灣面積的 11 倍大。發源於巴西高原的巴拉圭河 (Río Paraguay)，將全國劃分為東西兩部分。

巴拉圭東部又稱巴拉內尼亞 (Paraneña) 區，介於巴拉圭河與巴拉那河 (Río Paraná) 之間，是巴西高原的延續，地形由東向西漸緩，直到巴拉圭河中央河谷平原。此區面積 15 萬 9,287 平方公里，約佔全國面積的 40%，平均海拔 280 公尺。除最東部與巴西交界處為巴西高原邊緣外，其他多為丘陵、沼澤和波狀平原。此區雨量豐富、土壤肥沃，適合各種農作物生長，全國 90% 以上人口居住在此區。首都亞松森 (Asunción) 也位於此區，是全國政治、經濟、文化及交通中心。

巴拉圭西部又稱北查科，地形由巴拉圭河西岸向西北大查科地區攀升，最高約 300 公尺。此區面積 24 萬 6,925 平方公里，約佔全國面積 60%，平均海拔 125 公尺。西部的大查科地區，地勢平坦，是茂密的原始森林和草原。此區氣候炎熱乾燥，雨量不足，人口稀少，適合發展畜牧。

巴拉圭境內有阿曼巴伊 (Amambay)、穆巴拉卡尤 (Mbaracayú) 及卡瓜蘇 (Caaguazú) 等 3 個山脈，高度都低於 500 公尺。但是，巴拉圭最高峰是位於南部的聖拉斐峰 (San Rafael)，高度約 850 公尺。

二、主要河流

巴拉圭境內主要河流除了發源於巴西的巴拉圭河外，還有與巴西和阿根廷形成天然國界的巴拉那河，以及發源於玻利維亞安地斯山脈

東麓的皮科馬約河 (Río Pilcomayo)，與阿根廷形成天然國界。此 3 條河流匯集後，注入拉布拉他河，最後注入大西洋。

巴拉圭河發源於巴西的馬托格羅索高原 (Mato Grosso)，是巴拉那河的主要支流，全長 2,600 公里，為南美洲第五大河流。河中魚類豐富，有南美著名的食人魚。此外，由於巴拉圭河有季節性洪水，水流量豐沛，因此水上交通也很發達。巴拉圭河流域總面積超過 98 萬平方公里。

巴拉那河的名字源自於瓜拉尼語，"Para" 意為「多」或「大河、大海」，"ná" 是指「相似的」，表達巴拉那河的容量像海洋一樣多。十六世紀初，西班牙探險隊曾利用此河，深入南美洲內陸，找尋傳說中的銀山。巴拉那河發源於巴西高原東南部，全長約 4,500 公里，是南美僅次於亞馬遜河的第二大河，流域總面積超過 280 萬平方公里。世界三大瀑布之一的伊瓜蘇瀑布 (Cataratas del Iguazú)，正位於巴拉圭、巴西及阿根廷邊界的巴拉那河上。此外，巴拉圭與巴西於邊境的巴拉那河合資興建伊塔普 (Itaipú) 水力發電廠而名聲大噪。

圖 3：流經巴西、巴拉圭和阿根廷的巴拉那河

至於皮科馬約河則發源於玻利維亞安地斯山脈東部，是巴拉圭河西岸的主要支流，於首都亞松森附近注入巴拉圭河。由於水深不夠，缺乏航運價值。

三、氣候特徵

巴拉圭位於南美洲中部，約介於南緯 19～28 度及西經 54～63 度間，地跨南回歸線，與北回歸線通過的臺灣正好四季相反，在地理學上稱之為「對蹠點」(Antípodas)❶，時差恰為 12 小時。

❶對蹠點，亦有人稱為對蹠地，為地理學與幾何學上的名詞。球面上任一點與球心的連線會交球面於另一點，亦即位於球體直徑兩端的點，這兩點互稱為對蹠點。因此，對蹠點可稱為地球的相對極，其最大的特徵就是彼此的寒暑與晝夜剛好相反。

巴拉圭北部是熱帶草原氣候，南部是亞熱帶濕潤氣候。夏季為 12～3 月，冬季則為 6～9 月。夏季最高溫超過攝氏 40 度，平均氣溫約 35 度；冬季最低溫可達攝氏 0 度，平均氣溫 15 度，年均溫約 25 度。年降雨量由東向西減少，東部降雨量最高可達 2,000 公釐，年平均降雨量在 1,000 公釐以上；西部查科地區最低降雨量為 300 公釐，年降雨量在 1,000 公釐以下。

第二節　人文與社會

地處南美洲中心位置的巴拉圭，具有多樣文化色彩、美麗的自然景觀與豐富的生態資源。傳統美妙的音樂及珍貴的手工藝品，已儼然成為巴拉圭的文化寶藏。

一、人民與信仰

巴拉圭目前人口約 654 萬，其居民包括歐洲人的後裔、純瓜拉尼的印地安人後裔及各類混血人種。印歐混血人種比例最高，達 90% 以上。值得一提的是，1864～1870 年的「三國同盟戰爭」(Guerra de la Triple Alianza)

圖 4: 巴拉圭的原住民瓜拉尼人　住屋簡陋、衣著簡樸，卻樂在其中。

以及 1932 年的「查科戰爭」(Guerra de Chaco)，都曾造成巴拉圭人口大幅銳減。

目前巴拉圭人種是瓜拉尼人和西班牙人混血產生的，此一混血過程始於 1540 年，是由瓜拉尼人圖謀反對當時的殖民政府造成的。後來謀反失敗，但當時的統治者未責罰大多數的瓜拉尼人，並下令一些西班牙人和瓜拉尼婦女結婚。混血人種就是在此情況下產生出來的，其後就依此情況，人數不斷地增加和擴大。

但是，由於各類人種的影響和歐洲移民過程的推進，巴拉圭人種便隨著不斷變化。不同時期的鼓勵和保護外人法律，使得移民者能順利入境並取得有利地位。這些移民者大多來自西班牙、法國、德國、英國等歐洲白種人。1950 年代以後，來自巴西、歐洲及亞洲的大規模移民潮，讓巴拉圭的人口組成，產生重大的變化。這段期間歐洲移民與巴拉圭人通婚，產生新的混血人種。雖然如此，混血人種仍佔巴拉圭人種的大多數。此外，值得注意的是，近年來，來自巴西的移民不斷增加，將進一步影響巴拉圭的人口結構。

1588 年耶穌會教士開始進入巴拉圭傳教，進而在十七世紀建立耶穌會王國。教會在巴拉圭建立天主莊園，提供較高的生活水準，除了教化瓜拉尼人外，並保護瓜拉尼人免受殖民者的侵害，這使得當時的瓜拉尼人很快就接受耶穌會所建立的天主莊園。雖然巴拉圭的《憲法》不承認法定宗教，並強調政府的政治超然獨立，不受天主教會約束。但是由於耶穌天主教會在巴國影響甚鉅，所以時至今日，巴拉圭仍有 90% 以上的居民信奉羅馬天主教，但新教徒也不斷增加。

居住在巴拉圭的瓜拉尼人，分布很廣，形成許多部落。在西班牙征服過程中，雖然有些部落奮力頑強抵抗，然而瓜拉尼人因性格順從，大部分都被征服，這也是他們幾乎被徹底毀滅的原因。此外，由於巴拉圭是美洲大陸少數幾個沒有採礦和種植甘蔗的國家，因此黑人數量很少。在巴拉圭引進黑人主要是為了當僕人。直到 1869 年，巴拉圭才終於取消黑人奴隸制。

巴拉圭通用西班牙語，但在 1992 年巴拉圭新《憲法》明文規定，瓜拉尼語是官方正式承認的第二種語言。瓜拉尼語屬印地安語系的圖皮瓜拉尼語族 (Tupí-Guaraní)。十四、十五世紀時圖皮瓜拉尼語族遷徙至巴拉圭河沿岸，因此將語言帶進此區。瓜拉尼語在巴拉圭歷史上佔有重要地位，在多次的對外戰爭中，巴拉圭人將瓜拉尼語作為密碼，因此外國人無法了解其交談內容，故瓜拉尼語也被稱為「祕密語言」。

1632～1767 年間，耶穌天主教會將口傳的瓜拉尼語以羅馬拼音的方式表現出來；後來，耶穌會教士為了讓廣大的瓜拉尼人信仰天主教，改造原來的瓜拉尼語，並加入西班牙文詞彙，成為耶穌會時期的瓜拉尼語。不過後來因耶穌會教士被驅逐，這種形式的瓜拉尼語在口語上已消失，目前僅存有文字紀錄。目前在巴拉圭使用的瓜拉尼語，混合了瓜拉尼語和西班牙語，稱之為荷巴拉語 (Jopará)。

二、文化教育與藝術

1. 文化教育

巴拉圭在文化上融合了瓜拉尼和西班牙兩種民族的傳統，因此不論在文化教育及藝術上，都反映了這種雙重的多樣化特性。

巴拉圭政府從 1985 年開始掃盲，而國民義務教育從 1999 年延長為 9 年。孩童從 6 歲入學，接受 9 年義務教育。中學畢業後，可選擇繼續唸高中至大學。巴拉圭教育每學年分兩學期，第一學期為 2 月中旬～7 月初，第二學期為 7 月底～12 月。巴拉圭共有 4 所國立大學，包括亞松森大學及天主教大學，另有 19 所私立大學。《憲法》規定教育應佔總預算 20% 以上，但實際上僅占 GDP 的 4.3%。

巴拉圭的主要文化機構都設立於首都亞松森，主要有研究巴拉圭和瓜拉尼歷史及文化的學會、國家圖書館、音樂學院、師範學校、國立美術館、人種誌博物館及自然史博物館等文化機構。

目前巴拉圭主要報紙包括：《ABC 彩色報紙》(*ABC Color Digital*)，為發行量最大的報紙；《國家報》(*La Nación*)；《新聞日報》(*Noticioas*)

圖 5：位於亞松森的舊國會，現改建為巴拉圭文化博物館。

以及《前鋒日報》(*Diario Vanguardia*) 等。此外，全國廣播電臺是國家電臺，另外有 11 家私營商業電臺和 5 家電視臺。

2. 文學與藝術

巴拉圭在西班牙殖民期間，耶穌會天主莊園的封建制度，使得人民與外界隔離，相較於其他拉丁美洲國家，此時期巴拉圭的文學發展較為遲緩。自 1811 年獨立後，文學發展才漸有起色，至 1870 年政治穩定後，文學才開始興盛。

在音樂方面，十六世紀初西班牙佔領前，巴拉圭瓜拉尼部族的音樂已發展到一定的水準。與世界上其他種族的原住民一樣，歌舞娛樂在巴拉圭原住民的生活上佔有舉足輕重的地位。巴拉圭音樂著名的有瓜拉尼舞曲和波爾卡 (Polca) 舞曲。瓜拉尼舞曲是巴國音樂家亞松森・佛羅雷斯 (José Asunción Flores) 於 1925 年所創。此舞曲旋律較慢，是用當地的豎琴 (Arpa) 彈奏。至於波爾卡舞曲是快節奏律動的音樂，於 1800 年開始興起。最著名的舞蹈為快步圓舞，而瓶舞則是由快步圓舞演變而來，舞者頭上需頂著瓶子，保持平衡。

至於巴拉圭歌謠大部分是由波爾卡音樂衍生而來，但是節奏比原

圖 6：巴拉圭著名舞蹈——瓶舞

來的波爾卡音樂慢。其歌詞通常以瓜拉尼語、西班牙語和荷巴拉語寫成。另一種曲風則為雙拍拉斯吉多 (Rasgido Doble)，是一種結合哈瓦那曲風的歌曲，通常以吉他伴奏，每兩拍節奏再佐以右手一拍。而巴拉圭盛行的說唱劇是結合民間故事或喜劇而成，是由西班牙的說唱劇演變而來。

在手工藝品方面，巴拉圭擁有許多聞名且精細獨特的手工藝品。較著名的有紡織品、木製品、銀製品、陶瓷製品、家具、樂器及皮革製品等。大多數的手工藝品結合了瓜拉尼文化，所以在產品製作上，常見幾何圖形、直線或曲線圖案。

圖 7：瓜拉尼原住民精美竹編手工藝品

第三節　風俗民情與飲食文化

一、風俗民情

巴拉圭的風俗民情融合了瓜拉尼和西班牙兩種民族的傳統。巴拉圭人具有傳統的家庭觀念，常有家庭聚會。不過，巴拉圭盛行大男人主義，男人在家中發號施令，主掌一切。但是，家中粗重、辛苦的勞務卻大多由婦女承擔。男士傳統的服飾為草帽、斗篷，並在頸上圍著方巾，其顏色通常就是所屬政黨的顏色；而女士則以康乃馨或藤蔓做成的婚戒及裝飾用的梳子來打扮自己。

另一方面，巴拉圭的城鎮建築採歐式風格，但一般鄉村的屋舍都是相當簡陋的磚屋或土房，大多只有一房或兩房。

巴拉圭居民在正式的場合穿西裝，平時服裝比較隨性。夏季時，不論是普通百姓或是政府官員都喜歡穿亞麻織成的網狀服飾上班。到巴拉圭拜會政府機關必須預先約定，最好使用英文、西班牙文對照的名片。當地人與朋友見面打招呼時，男的常擁抱，女的吻雙頰。朋友無論男女，一起走時常挽著胳膊。此外，應邀到巴拉圭人家中作客時，進屋前應先做一個正式簡短的講話，再詢問主人是否可以進屋。

另外，巴拉圭人在聚會時，喜歡打趣、嘲諷，通常需用瓜拉尼語才能顯出它的趣味，一般會引用成語、故事、譬喻或名人的話。不過，在與巴拉圭人交談時，應避免涉及政治性話題，家庭、體育和天氣都是適當的話題。再者，巴拉圭人對他們的水電工程非常自豪，因此讚美他們水壩的規模和價值，會深受歡迎。但是，不要過分熱情地稱讚對方的私人用品，否則他有可能將其作為禮物送給你。

在殖民時期，巴拉圭人就有鬥牛和觀賞鬥牛的風俗，但是巴拉圭的鬥牛不同於傳統的西班牙鬥牛。巴拉圭的鬥牛更注重的是娛樂性，參加者除職業鬥牛士外，還有幾位裝束奇怪的小丑助興。鬥牛前要先

圖 8：簡陋的農村建築

把牛角鋸下，並圍著牛載歌載舞。此外，巴拉圭婦女盛行吸菸，到處可見各種年齡及職業的婦女叼著雪茄菸。

基本上，巴拉圭的國定假日大致上可分為天主教的節日及歷史性的紀念日。巴拉圭重要的國定假日包括：2 月 3 日是聖巴拉斯節 (Día de San Blas)，聖巴拉斯是巴拉圭的守護神，因此這一天全國放假；3 月 1 日是英雄節 (Día de los héroes)，此節日在紀念 1870 年 3 月 1 日，當三國同盟戰爭接近尾聲，巴拉圭領導人小羅培茲 (Francisco Solano López)，率領極少數士兵和巴西軍隊做最後一搏，不幸身亡的英勇事蹟；5 月 15 日為巴拉圭的國慶日。

此外，巴拉圭還有著名的冷食節。據說此節日源自 400 多年前，巴拉圭人民英勇抵抗西班牙殖民者的入侵。在一次戰役中，當時離新年還有 5 天，有一支巴拉圭軍隊被西班牙軍隊包圍，彈盡糧絕，情況十分危險。不過這支軍隊頑強不屈，一直抵抗到元旦黎明，援軍到來，局勢轉危為安，革命軍在元旦中午燃起煙火，殺豬宰牛，歡慶勝利。為了紀念此次戰役，巴拉圭人把元旦前 5 天定為冷食節，這 5 天只能吃冷食，直到元旦零時鐘聲響後，才能點火烹煮，大擺宴席歡度新年，因此世代相傳，終成習俗。

另一方面，巴拉圭人也相當重視攀親帶故的裙帶關係，並在生活中根深蒂固。通常在孩子一出生，父母就為他找好受洗時的教父母。同樣地，他們也會在孩子結婚時為他們找尋教父母。這些教父母與孩子的父母關係密不可分，因此都會仔細、謹慎地選擇，通常會找身分重要的朋友或親戚。這種與教父母的關係，強化鞏固家族的關係或朋友之間的友誼。在巴拉圭甚至整個中南美洲，常見國家的政治、經濟由幾個家族壟斷、把持，就可見這種教父母關係的影響力了。

總而言之，在瓜拉尼和西班牙兩種民族傳統的影響下，巴拉圭人民熱情好客、慷慨大方、堅忍耐苦、樂天知命，空閒時彈彈吉他、哼唱拉丁情歌，物質雖然貧乏，生活卻非常愜意。

圖 9：足球運動　巴拉圭和許多拉丁美洲國家一樣，也都熱愛足球運動，圖為 2006 年德國世界盃中巴拉圭對戰英格蘭的戰況，場面座無虛席，不過最後巴拉圭以 1 分輸給了英格蘭。

二、飲食文化

巴拉圭人習慣喝馬黛茶 (mate) 並使用馬黛茶來熱情待客，世代來已成風氣。對於巴拉圭人這種盛情，客人一定要欣然接受，並且要在喝過馬黛茶後，使勁地舔舔嘴唇，以表示自己歡喜接受主人賜給的口福。客人喝得越多，主人也越高興。巴拉圭人常將家鄉最珍貴的馬黛茶和茶具贈送給客人和朋友當做永久性的紀念品。傳統馬黛茶是以葫蘆狀的容器沖泡，再以銀製吸管吸取。如果一群朋友一起喝馬黛茶，有個不成文規定，就是準備第一泡的人必須第一個喝，並且負責添加茶水在容器內，遞給在場的每一個人，直到輪完一圈，才能交給下一位。

與阿根廷人不同，巴拉圭人偏愛叫德雷雷 (tereré) 的馬黛茶冷飲。與熱的馬黛茶比較，冰的馬黛茶更具有巴拉圭的傳統風味。巴拉圭人

圖 10：馬黛茶　馬黛茶產於南美洲中部地區，是一種常綠灌溉木的葉子，大部分產區分布於巴拉圭，其加工製造方法和茶葉加工大致相同。長久以來，馬黛茶一直是南美洲印地安人防病養身的神奇飲料。十六世紀西班牙人征服印加帝國並開始殖民後，因見識印地安人喝此飲料後，各個驍勇善戰，似乎有用不完的體力，於是很快地將它納入日常飲食中，之後還將它引進歐洲。馬黛茶的由來有一個美麗的傳說。據說很久以前，日月二神在森林中散步，突然有一隻美洲豹撲向他們，正在危急時，有一年輕印地安人英勇拔箭射死了豹，拯救二神。日月二神為了答謝救命之恩，就贈送他這神秘的植物，並聲明此植物能帶來無限的活力、健康與長壽。另一傳說指出，在古老時代印地安部落的守護神圖巴 (Tupa) 下凡到熱帶雨林，將如何摘取、烘焙、碾磨及品飲馬黛茶，傳授給當地最有智慧的巫師，隨即返回天堂。之後巫師立刻依照指示，指導族人飲用馬黛茶，並發現有奇特效果，每位族人皆如美洲豹般年輕有活力。

出門時幾乎都不忘攜帶冰塊、沖泡瓶和馬黛茶，以便隨時沖泡飲用。

巴拉圭人認為，使用什麼樣的茶壺招待客人，比喝馬黛茶本身還重要。一般百姓使用的大多是竹筒或是葫蘆挖空的茶壺，沒有任何裝飾。然而，高檔的茶壺是一種藝術品，做工精緻，有金屬模壓的、有硬木雕刻的、有葫蘆鑲邊的、也有皮革包裹的、更有牛角磨製的，形

圖 11：販賣玉米餅的小販

狀千奇百怪，以怪為貴。壺的外壁刻有馬頭、花鳥等圖案，有的被認為是「帶來好運」的祝福，有的象徵「懷念」或「友誼」。此外，巴拉圭人善飲啤酒，常有遞啤酒給友人的舉動。

由於巴拉圭不靠海，所以主食以牛肉、玉米、樹薯為主，少食海鮮。巴拉圭主要的食物有由樹薯粉、玉米粉、乳酪、蛋和牛奶做成的玉米烘餅 (chipa)；由玉米和牛肉做成的玉米肉餅 (chipa-soo)；由玉米粒、牛奶、鹽巴、油及蛋做成的玉米糕點 (chipaguazú)，及各種口味的大餡餅 (empanada)，狀似水餃，但體型較大。

第四節　自然資源與經貿概況

巴拉圭的經濟以農牧、林業為主，在南美地區屬發展水準較低的國家，工業不發達，只有一些小工業和農牧產品加工業。2009 年製造業僅佔國內生產總值的 18.7%。經濟在 1970 年代發展較快，年均成長 8.6%。1980 年代初陷入困難，1984 年開始復甦。1990 年代起，巴拉圭政府曾推動經濟改革，將邊遠地區的土地分給農民，實行單一的浮動匯率，整頓國營企業等，並將虧損嚴重的國營企業私有化，使得經濟有所回升。此外，1990 年起，巴拉圭實行新自由主義❷市場經濟政策，力圖使其經濟逐步與巴西、阿根廷、烏拉圭等其他三個南方共同市場 (Mercosur) 成員國的經濟融為一體，並與世界經濟接軌。整體而言，巴國經濟在很大程度上依附外國資本，主要是美國、英國、德國、阿根廷和巴西等國的資本。其中電力主要依靠巴西和阿根廷資本在邊界河流巴拉那河建造大型水電站。外資控制巴國 38% 的工業及企業，98% 的銀行及 80% 的對外貿易。國內最大的 15 家企業中，外國資本佔 12 家。

一、農林漁牧業

農業是巴拉圭國民經濟的主要支柱，不過它在國內生產總值所佔的比重逐漸下降。1960 年代佔 37%，1970 年代下降為 32%，到了 2009 年僅佔 20.2%。全國 45% 的經濟人口從事農業生產，農牧產品出口佔出口總額 90% 以上，主要農產品有大豆、棉花、菸草、小麥和玉米等。巴拉圭的土地大多由少數的當地大地主和外國資本所壟斷。巴拉圭的農業耕種主要工具是鋤頭、木犁，很少有機械化，也幾乎很少使用化肥。不過，巴拉圭的食品尚能自給自足。此外，1961～1987 年間，巴拉圭國家發展銀行將泛美開發銀行提供貸款的 23.5% 都投入農業部門，1990 年提高至 34%，因此主要農產品產量大多有所提高。

另一方面，畜牧業在巴拉圭經濟中佔有重要地位，其產值佔國內生產總值的 6%，主要分布在巴拉圭河和

❷新自由主義主要特點是反對國家干預經濟，強調「自由放任」和私營企業制度。1970 年代中期和 1980 年代，由於原來實施進口替代工業化的模式越來越失靈，一些拉美國家，如智利、阿根廷和烏拉圭等開始進行新自由主義的試驗。1980 年代後期，由於拉美債務危機和經濟危機的加劇，普遍興起了新自由主義的改革浪潮。主要反映在以下幾方面：貿易自由化、放鬆對外資的限制、國有企業私有化、經濟體制市場化以及區域經濟合作更加活躍。這項改革使拉美的經濟明顯成長、通貨膨脹下降、國內投資回升、區域一體化大大加強。但是，新自由主義經濟改革也暴露

了不少問題。首先，社會收入分配不合理和貧富懸殊問題有增無減。第二，對外資依賴仍然很強，國內儲蓄率仍低。第三，對農村經濟觸動較少。最後，經濟結構改革停滯延後。

巴拉那河之間的南部地區，以及皮科馬約河和巴拉圭河之間地區。近年來，畜牧品質雖有提升，但因缺乏刺激肉品出口方案以及牲畜偷竊嚴重，因此無法蓬勃發展。而且 2002 年後，因經濟危機及查科地區的乾旱，使得牲畜養殖大幅減少近 120 萬頭。據估計，巴拉圭目前牛隻約 850 萬頭，其中 10% 為乳牛。每年因國內及外銷需要而宰殺的牛隻約 110 萬頭。每年宰殺的豬約 200 萬頭，家禽則約為 2,100 萬隻。

在林業方面，巴拉圭森林面積佔國土面積的 51%，其中 70% 的森林資源集中在查科地區。1970～1980 年代末期，森林遭大面積砍伐，平均採伐面積達 50 萬公頃。2000 年，砍伐面積減為 10 萬公頃，造林面積 5,000 公頃。2004 年，巴拉圭訂定相關《保護森林資源法》，

表 1：巴拉圭主要農產品（千噸）

項目	1989	1993	1998	2000	2001	2002
大豆	1,615	1,794	2,856	2,980	3,500	4,000
葵花子	14	16	81	82	40	36
玉米	1,165	439	874	647	947	845
小麥	524	425	229	231	220	240
稻米	87	78	100	110	106	105
甘蔗	3,599	3,514	3,500	2,806	2,995	2,900
木薯	1,200	2,656	3,300	2,720	3,568	3,600
甘藷	106	99	77	69	131	135
菜豆	18	46	40	37	53	54
花生	21	40	30	22	28	27
菸草	9	8	14	5	13	12
馬黛茶	45	52	52	59	69	61
棉花	630	421	222	247	294	170

砍伐面積略減為 2 萬公頃。

二、工業、交通與能源

巴拉圭的工業基礎薄弱，以向國內市場供應基本消費品的輕工業和農牧產品加工業為主，主要部門有罐頭、食品、木器、榨油、菸草、製糖等。工廠規模不大，其中大多是家庭工廠。

主要的公路是連接首都亞松森到東南部的恩卡納西翁 (Encarnación)，然後再通往阿根廷。水路主要靠巴拉圭河和巴拉那河，內河航線達 3,500 公里，主要港口有亞松森、康塞普西翁 (Cancepción)、恩卡納西翁。至於航空線主要由空軍經營，有亞松森和東方市 (Ciudad del Este) 兩個國際機場。巴拉圭航空原為國家航空公司，1994 年政府出售了其 80% 的股份，有定期航班飛往國外。至於旅遊業則是巴國外匯收入主要來源之一，國外旅客主要來自於阿根廷和巴西。近年來，受地區經濟動盪影響，旅遊業收入逐年下降。

巴拉圭石油不能自給。1998 年底以來，全部進口阿根廷的原油，並在亞松森建有煉油廠。近年來，在靠近玻利維亞邊境的查科地區，

圖 12：巴拉圭簡陋的公路運輸

發現儲量豐富的天然氣。巴拉圭的水力資源非常豐富。1973 年，巴拉圭與巴西達成協議在巴拉那河上合建伊塔普水力發電廠，1992 年全部建成，號稱是當時全球最大的水力發電廠。雖然巴拉圭有豐富的電力資源，但遺憾的是缺乏配電與輸電設施，因此未能充分利用。

三、財政、金融與外貿

巴拉圭財政大致收支平衡，但外匯收支失衡，收入小於支出。貨幣單位是瓜拉尼。巴拉圭的主要出口項目是肉類、大豆、棉花、菸草、木材等原物料，主要是進口機器設備、運輸工具、燃料、化學品等。1960 年代，巴拉圭簽署加入拉美自由貿易協會 (Asociación Latinoamericana de Libre Comercio)❸。巴拉圭的主要貿易夥伴有巴西、阿根廷、美國、德國、阿爾及利亞等國。1990 年代起制定《國內外投資法》，對外資實行特別優惠政策，規定 5 年內免交 95% 的稅收。主要投資國有美、英、法、德等。

❸拉丁美洲自由貿易協會是 1960 年由阿根廷、巴西、智利、墨西哥、巴拉圭、祕魯和烏拉圭簽署《蒙特維多條約》後根據條約精神而建立的。之後哥倫比亞、厄瓜多、委內瑞拉和玻利維亞簽約加入。1980 年 6 月，成員國在墨西哥召開第十九次特別會議，決定將此組織改建為拉美一體化協會 (Asociación Latinoamericana de Integración)。

第五節　政治、軍事與對外關係

一、政治與政黨

1989 年 2 月 2 日，巴拉圭第一軍區司令羅德里格斯 (Andrés Rodríguez) 將軍發動政變，推翻長達 35 年的史托斯納爾獨裁統治。從此，巴拉圭政府實行「全國和解」和「向民主過渡」的政策。1991 年，巴拉圭政府制定《憲法修正草案》，其中包括修改選舉法案，成立新的選舉法庭和選舉委員會。同年 5 月舉行地方選舉，執

政的紅黨 (Partido Colorado) 在 110 個市獲勝。並由於開放黨禁，黨內外矛盾有所緩和，勞資關係、政府與教會關係有所改善，而且人權方面也取得一定的進展，整個政局基本穩定。

巴拉圭的現行《憲法》於 1967 年頒布，1992 年修正。《憲法》規定總統由人民直接選舉產生，總統候選人必須是年滿 40 歲以上的巴拉圭天主教徒。總統是國家元首、政府首腦和三軍總司令。總統負責制定立法草案，提交議會批准，並負責推動實施。此外，總統有權解散議會，任命內閣各部部長、高級行政官員，負責國家外交事務且須國會同意有權宣戰和媾和。同時總統有權根據參議院和國務委員會的提名，任命最高法院法官和檢察長。

巴拉圭議會分參、眾兩院。參議院由 45 名議員組成；眾議院是由 80 名議員組成，任期 5 年，與總統大選同時舉行。總統競選獲勝的黨自動取得兩院 2/3 的席位，其餘的由參加競選的其他黨派根據票數多寡分配。此外，巴拉圭設有國務委員會，在每年 12 月 20 日～次年 4 月 1 日議會休會期間，成為立法作用的機構。國務委員會由各部部長、國立大學校長、農業、畜牧、工商界等各 1 名代表、巴拉圭中央銀行行長、國家開發銀行行長和武裝部隊各成員組成。其職能是討論國際政策、經濟財政形勢，提名最高法院大法官、檢察長和駐外使節並由總統任命。

巴拉圭全國分為 17 個省，其中 3 個在查科地區，東部則有 14 個省。至於最高法院則由 5 名大法官組成。大法官須由 35 歲以上的巴拉圭公民擔任，任期 5 年。

在政黨方面，紅黨是巴拉圭傳統的保守黨。1887 年成立，1947 年起執政，2008 年 4 月，魯戈 (Fernando Lugo) 當選總統才終結紅黨長期執政。長期以來，紅黨獲得地主、畜牧業主和軍隊的支持，並和美國壟斷資本集團有密切聯繫。該黨代表大農牧主、大資產階級利益，標榜民族主義和愛國主義。黨內派系眾多，成員複雜。早在史托斯納爾執政後，進一步加強軍事獨裁統治。1989 年 5 月，羅德里格斯執政後，該黨的內外形象有所改變。該黨在 1991 年舉行的全國地方選舉和制憲選舉中，均獲絕對優勢。從前，在巴拉圭凡是軍官和公職人員都必須是紅黨，目前已有改觀。該黨組織系統完善，實行近乎軍事形式的垂直領導，紀律嚴明。

二、外交與軍事

1989 年巴拉圭恢復民主政治後，積極實行對外開放政策，表示願意與世界各國建立和發展友好合作關係。在對外關係中，巴拉圭積極推動與美國、西歐和周邊國家的傳統友好關係，特別是努力參加地區事務和地區整合的進程。1990 年，巴拉圭加入里約集團 (Grupo de Río)❹。1991 年 3 月，巴拉圭與巴西、阿根廷、烏拉圭等三國簽署《亞松森條約》(*Tratado de Asunción*)，組成南方共同市場。1991 年，先後與匈牙利、波蘭、捷克建立外交關係。巴拉圭與美國關係密切，在史托斯納爾獨裁統治期間兩國一度疏遠，但羅德里格斯執政後，兩國關係逐步改善。1991 年，美國撤銷對巴拉圭的經濟制裁，兩國關係明顯好轉。

❹里約集團是於 1986 年 12 月，由墨西哥、哥倫比亞、巴拿馬、委內瑞拉、巴西、阿根廷、祕魯和烏拉圭的 8 國外長在巴西里約熱內盧集會，決定建立政治磋商和協調常設機構，針對拉美地區的政治、經濟、社會等重大問題進行磋商，協調彼此立場，以促進拉美政治、經濟及一體化的發展。

巴拉圭與巴西保持傳統友好關係。巴西在政治、經濟、文化等各方面都對巴拉圭有較大的影響，兩國簽訂多項雙邊合作協定。此外，巴拉圭歷來也與阿根廷保持良好的睦鄰關係，阿根廷為巴拉圭提供水路方便，讓巴國獲得出海口。巴拉圭於 1957 年與臺灣建交，是臺灣在南美唯一的邦交國。此後，雙方往來密切，臺灣向巴拉圭提供大量獎學金給巴拉圭學生來臺進修，培植友臺勢力，多年來成效斐然。2008 年 4 月，左派的魯戈上臺後曾讓臺巴邦交一度緊張，幸經駐外人員的折衝與政府的努力，目前情勢已趨平穩。不過，近年來中國在巴拉圭的移民及經濟貿易往來都有明顯的增加，鞏固巴拉圭邦誼仍然不能掉以輕心。另一方面，魯戈上臺後，積極參與委內瑞拉總統查維斯 (Hugo Chávez) 倡議組成的美洲玻利瓦爾聯盟 (Alianza Bolivariana para los Pueblos de Nuestra Américas, ALBA)❺，巴拉圭未來對外關係發展，值得進一步關注。

巴拉圭軍隊由陸、海、空三軍組成，受國防部長和三軍總司令直接領導，總統是三軍最高統帥。巴拉圭實行義務兵制，軍官在該國及美國和巴西受訓。

❺美洲玻利瓦爾聯盟前身為「美洲玻利瓦爾替代計畫」。它以南美解放者玻利瓦爾的一體化思想為指導，加強地區政治、經濟和社會合作，發揮各國優勢消除貧困和社會不公，抵制和取代美國倡議的美洲自由貿易區。

第 II 篇
征服、殖民、獨立與發展

第二章
發現、征服與殖民統治

1492 年，西班牙伊莎貝爾女王 (Reina Isabel) 核准哥倫布 (Cristóbal Colón) 的新大陸探險計畫。10 月 12 日，哥倫布首次抵達新大陸後，歐洲世界掀起一場瘋狂的探險與征服熱潮。當時，尤其以西班牙和葡萄牙的海上航行探險居多，也因此開啟歐洲向其他大陸擴張版圖的意圖。1520 年代中葉以前，巴拉圭河東岸居住著原住民瓜拉尼人。他們處於原始部落公社階段，過著半游牧的生活。1516 年，西班牙探險家狄亞斯德索里斯率領遠征隊抵達拉布拉他河流域，間接開啟巴拉圭歷史的序章。1524 年，葡萄牙殖民者賈西亞 (Alejo García)，帶領遠征隊率先到達巴拉圭。

第一節　原住民瓜拉尼人的發展

考古學家表示，美洲印地安人是來自亞洲的蒙古人種，於史前新石器時代就跨過白令海峽 (Estrecho de Bering) 抵達北美大陸，然後逐漸遷徙分布到美洲各地。而瓜拉尼人是南美印地安人種之一，使用瓜拉尼語，是印地安語系的圖皮瓜拉尼語族，為半游牧民族。

瓜拉尼人是最早居住在安地斯山東麓、加勒比海、大西洋亞馬遜河口到拉布拉他河之間的沿岸，十四、十五世紀才遷徙移居拉布拉他河沿岸內陸。在瓜拉尼神話中提到瓜拉尼人遷徙的原因是尋找「美麗新世界」。瓜拉尼人有許多支系，如塔皮埃特人 (Tapieleo)、馬塔科人 (Mataco)、聯瓜人 (Lengua)、薩納帕納人 (Sanapaná)、查馬科科人 (Chamacoco) 等。現今瓜拉尼人主要分布於巴拉那河流域、巴拉圭河流域及北查科地區。

瓜拉尼人是典型的熱帶森林印地安人。男人漁獵，女人務農；昔日通常居住在由 6～8 個茅草屋所組成的村落裡。瓜拉尼人勇猛好戰，捕捉俘虜作為祭品。根據人類學家的考證，早期的瓜拉尼人幾乎為素食者，以玉米、木薯、馬鈴薯、水果和蜂蜜為主食。殖民初期，瓜拉尼人雖然有食用少量魚和肉，但是肉類常引起疾病，所以瓜拉尼人對歐洲人的飲食習慣其實並不適應。

在西班牙人尚未到達前，巴拉圭河東岸地區居住著瓜拉尼人的印地安原住民，處於原始部落公社制，且為一夫多妻制，其中又以卡里歐族 (Cario) 對巴拉圭史前的影響最大。目前，巴拉圭的種族主要是由瓜拉尼人和西班牙人的混血人種。巴拉圭人民絕大多數都以身為瓜拉尼人的後代而自豪。

瓜拉尼人與西班牙的混血最早可追溯到 1540 年。當時因印地安各部落串聯反抗西班牙的殖民統治，於亞松森城外爆發激烈戰鬥，最後印地安人為求和並結同盟，遂將瓜拉尼婦女送給西班牙征服者。在當時瓜拉尼人的文化中，將婦女送給戰勝者，表示向對方降伏的意思。由此，展開巴拉圭印歐通婚及混血過程。

西班牙征服者對於瓜拉尼印地安原住民不同部落的行為差異甚感詫異。例如，在查科地區的查魯瓦族 (Charrúa)、蓋南地族 (Querandío) 及邦比多族 (Pampido) 具有不屈不撓的民族性，難以馴服。而卡里歐族卻具有社交性，容易接受與西班牙人結盟。

從歷史來看，可以發現巴拉圭社會處處體現瓜拉尼人的生活型態。而且，也許正因為保有瓜拉尼人的特性，所以在長久的歷史發展中，儘管巴拉圭發生一連串的戰爭和政治變動，但巴拉圭人在面對內憂外患時，都展現出不畏鄰國強權、以小搏大以及不屈不撓的民族精神與特性。

第二節　發現與征服

十六世紀初，當時的西班牙正處於一個由貴族掌權、貧富不均和社會階級不平等的封建莊園社會。有 80% 的人民為農夫，一生為莊主工作，但是沒有自己的田地，過著如奴隸般的生活。在面對如此社會階級和貧富皆不平等的情況下，格外造就西班牙人民向外尋求新契機的渴望。尋找金、銀，一夕致富，成為當時遠征隊不畏航行艱苦的動機，遠征隊首領大部分是貴族，而成員多為農夫及士兵。

1515 年 10 月，西班牙探險家狄亞斯德索里斯率領 3 艘遠征船隊從西班牙出發，於 1516 年 2 月到達拉布拉他河流域，成為最早進入南美洲拉布拉他河流域的探險家，也間接開啟巴拉圭歷史的序章。由於拉布拉他河河口除了荒蕪的土地和沒有利用價值的印地安人外，毫無金銀寶藏。因此，當時該地只是西班牙沿著美洲大陸尋找東方航道的中繼站。

狄亞斯德索里斯和隨行人員在溯烏拉圭河 (Río Uruguay) 往內陸探險時，遭到當地印地安查魯瓦族殺害身亡。而其他遠征隊人員在返回西班牙的航程中，在巴西外海的聖卡塔麗娜島 (Santa Catalina) 發生船難。其中 1 位生還者是葡萄牙探險家賈西亞，他與當地的瓜拉尼人一起生活而學會瓜拉尼語。透過瓜拉尼人的描述，得知在大陸最西方有個印加帝國 (Imperio Inca)，國勢極盛，並擁有無比財富。因此 1524～1525 年，賈西亞帶領征服探險隊一路向西前進，發現位於巴拉那河上游的「伊瓜蘇大瀑布」(Cataratas de Iguazú)，並在現今巴拉圭首府亞松森建城前 13 年到達該地。另外，因為當時來自查科地區的掠奪者經常襲擊當地的瓜拉尼部落，瓜拉尼人因而跨越巴拉圭河反擊而將戰鬥推進到印加帝國的邊緣地帶。為了通過查科地區的惡劣氣候與面對兇猛的查科印地安原住民部落，賈西亞便在當地募集了約 2,000 名瓜拉尼戰士，參與西進的遠征行動。

賈西亞成為首位進入查科地區的歐洲人，比 1532 年西班牙征服印加帝國、建立利馬城的征服者皮薩羅 (Francisco Pizarro)，早 8 年到達現今位於玻利維亞安地斯山區印加帝國防禦的邊界處。在印加王卡帕克 (Huayna Capac) 率軍隊前來攻擊前，征服探險隊即進入印加帝國掠奪金銀寶藏。不過，賈西亞在帶著戰利品撤退時，在巴拉圭河東岸的聖彼得市 (San Pedro) 附近被隨行的瓜拉尼原住民殺害。但是，隨後印加帝國仍吸引西班牙探險者陸續前往，以及卡伯特 (Sebastian Cabot) 在兩年後深入巴拉圭河探險。

1526 年，卡伯特率西班牙探險隊抵達拉布拉他河。隨後，沿著巴

圖 13：位於巴拉那河上游氣勢磅礡的伊瓜蘇瀑布

拉那河往上約 160 公里處，在現今阿根廷羅薩里歐 (Rosario) 附近建立名為聖靈城 (Sancti Spiritu) 的要塞，成為拉布拉他河流域的第一個西班牙殖民據點。之後，卡伯特繼續溯河而上超過 800 公里，到達巴拉圭河與巴拉那河匯流處。隨後，卡伯特順著巴拉圭河而上，在距亞松森 40 公里處，發現擁有銀器製品的瓜拉尼原住民部落，並進而找到通往祕魯印加帝國的路線。

1530 年，卡伯特返回西班牙，並向國王卡洛斯五世 (Carlos V) 說明探險過程。卡洛斯國王在獲悉印加帝國十分富饒後，希望率先開發南美內地，因此指派門多薩 (Pedro de Mendoza)，於 1535 年 8 月率領 2,000 人的探險隊前往拉布拉他河流域。1536 年 2 月，門多薩抵達拉布拉他河南側，建立布宜諾斯艾利斯軍事要塞，成為西班牙在南美的首處城鎮。不過，門多薩的駐紮建城卻引起上萬名蓋南地原住民串聯丁卜族 (Timbú) 及查魯瓦族發動戰爭圍堵，使門多薩面臨斷糧危機。

門多薩在面對內憂外患的同時，曾派遣探險隊繼續深入探險。其中一支探險隊朝巴拉圭河溯游而上約 1,600 公里，建立「坎德拉里亞」(Candelaria)，即今日巴拉圭與巴西的邊境城市奧林波堡 (Fuente Olimpo)。1537 年 8 月 15 日，門多薩率領的探險隊停靠在一處擁有天然防禦的地方，並建立軍事要塞，命名為亞松森❶，此日後來也成為巴國首都建城紀念日。自亞松森建城日開始，巴拉圭正式淪為西班牙殖民地。隨後，探險隊與卡里歐族在亞松森城外發生戰鬥，探險隊獲勝，卡里歐族轉而與西班牙征服者結盟，共同對抗兇猛好戰的瓜伊古魯族 (Guaikuru)。當時西班牙征服者幾乎都是男性，而卡里歐族為了示好，遂將族裡的女性送給西班牙征服

❶亞松森建城後，送往歐洲的銀器等貴重物品都從祕魯經亞松森運往西班牙，使得亞松森有「印地安首要之省」的稱號。同時，亞松森也是西班牙在南美殖民的主要基地，向北往查科地區於玻利維亞建立聖克魯斯市 (Santa Cruz)，向東征服巴拉圭的其他區域，向南沿著巴拉那河於 1580 年重建布宜諾斯艾利斯。也就是說，當時從亞松森出發而建立的軍事要塞，今日已成為南美洲著名的大城市。亞松森市民都以該城為南美洲「城市之母」而深感驕傲。

圖 14：亞松森是一個現代與古老建築交錯的城市

者，因而造就巴拉圭日後的印歐混血。

第三節　早期的殖民

首批西班牙殖民地開拓者因尋求黃金未成，便在亞松森定居，與瓜拉尼人共處。由於門多薩的離去而導致總督出缺，使得西班牙國王卡洛斯五世頒布特別法令，規定總督未指定繼承人或繼承人死亡，殖民地居民可以選舉或罷免總督。於是當地居民選擇馬丁內茲・德伊拉拉 (Domingo Martínez de Irala) 為繼任總督。其統治區域包括今日的巴拉圭全境，阿根廷、烏拉圭、智利大部分及巴西與玻利維亞的精華區。這種推選總督的模式一直延續到巴拉圭獨立。但在 1542 年，其下轄區域卻改為由以利馬為首府的祕魯總督區所管轄。而 1559 年開始，巴拉圭的殖民地管理事務轉由恰爾加斯檢審庭 (Audiencia de Charcas) ❷管轄。

在馬丁內茲・德伊拉拉擔任總督期間，亞松森除了西班牙人外，還包括來自德國、英國、法國、義大利與葡萄牙的歐洲移民。他還鼓勵歐洲移民選擇瓜拉尼女子為妻妾，讓移民者能在巴拉圭定居。因此，巴拉圭很快就成為印歐混血人種最多的地方。不過，許多歐洲移民者把他們的混血子女改為西班牙籍。此外，後續有許多來自歐洲的移民者，使得巴拉圭在殖民時期仍是在美洲出生的歐洲人後裔即土生白人 (Criollos) 為社會菁英階層。但是，隨著歐洲殖民而傳來的各種病毒，卻無情地摧毀並威脅巴拉圭印地安原住民的性命，造成印地安人口銳減。

1542 年，西班牙卡洛斯國王改派卡貝薩・德瓦加 (Álvar Núñez Cabeza de Vaca) 出任新的首長。雖然他是當時很出名的探險家，但是到任後卻引起當地白人內部傾軋分裂。反對派人士認為他過於在意、保護印地安人的利益，且為人跋扈專權。為了緩和對他的仇視及轉移注意力，卡貝薩・德瓦加派遣探險隊尋找到達祕魯的路線。唯探險活動干擾查科地區的原住民，導致當地原住民發動長達兩年的戰爭，對西班牙殖民者的生命安全構成威脅。1544 年 4 月 25 日，當地居民逮捕卡貝薩・德瓦加，解除他的首長職務並將他遣返西班牙，並迎回先前的首長馬丁內茲・德伊拉拉。

馬丁內茲・德伊拉拉復職後，一直續任到 1556 年過世。他的管理方式是當時西班牙在新大陸最具人性的管理方式，並成功地將新大陸的征服者轉變成殖民地的莊園主。他成功的殖民政策包括：建立與巴西間的防禦線，防止葡萄牙的擴張；維持與瓜拉尼族的友好關係，並與先前敵對的原住民部落化干戈為玉帛，廣泛促使西班牙人與瓜拉尼人通婚；繼續探索查科地區，開啟與祕魯印加帝國商業貿易往來。此外，他還推動紡織業並引

❷檢審庭是西班牙在美洲殖民地的組織，直接隸屬於西班牙國王，是國王在殖民地的主要代理人，法庭主席有如一省的省長。他們執行王法，管理生產，審查國書或介紹信，並臨時代理總督職務。亞松森、布宜諾斯艾利斯、拉布拉他河沿岸地區，在當時仍被視為不值得注意的邊遠地區，因此直到十七世紀，仍由在玻利維亞、安地斯高原上的恰爾加斯檢審庭所管轄。

進畜牧業。

不過執政末年，馬丁內茲・德伊拉拉終究屈服於廣大當地居民的壓力，建立了委託監護制 (Encomienda)❸。雖然，他原本希望藉此制度以提供當地原住民的各種需求，並解決早期殖民者欠缺勞動力的問題，但最後卻演變成讓殖民者榨取印地安人的勞力與財富，把奴隸勞動與農奴勞動結合在一起的特殊的殖民地剝削模式。此制度很快變質成奴隸制度，因而導致 1560 與 1561 年重大的印地安人暴亂事件。殖民當局遂被政治紛擾所苦，暴亂事件迭起。此外，因為資源與兵力短缺，馬丁內茲・德伊拉拉無法控制葡萄牙掠奪者在東部廣大邊界的掠奪。雖然如此，他還是促進了巴拉圭的繁榮與相對的和平，印地安居民還是敬愛他，並對他的過世感到惋惜。

馬丁內茲・德伊拉拉去世後，由其女婿門多薩 (Gonzalo de Mendoza) 接管亞松森。由於巴拉圭不如西班牙王室預期中的富饒，而且此地缺乏礦產也沒有金銀寶藏可貢獻給西班牙王室，王室注意力轉變使得巴拉圭逐漸失去殖民地中心的重要性。正因為如此，也使得巴拉圭有了更自由的空間，不再受王室嚴格控管。

在其後眾多的總督中，阿里亞斯・德薩維德拉 (Hernando Arias de Saavedra) 是首位在拉丁美洲土生土長的西班牙人當上首長的。他先後多次出任首長，在任期間竭力保護印地安人，鼓勵建立耶穌會（Jesuístas，又稱 Compañía de Jesús）❹。在統治時間，他維持一貫的民主態度與形象，而且開設許多所學校並建立慈善機構，為亞松森地區社會與教育的發展與繁榮立下建樹，因此受到當地居民的尊敬與愛戴。

❸委託監護制是西班牙王室把從印地安人手中所奪取的大片土地委託給王室親信及開拓或征服殖民地有功者，以作為酬謝。受王室指定的委託監護者必須對印地安人進行教化和保護。在此制度下，土地所有權仍屬西班牙國王，監護者沒有所有權。不過殖民者卻依此制度，將劃分的土地及印地安人視為個人財產，印地安原住民必須定期攤派勞役。表面上印地安人看似自由人，但事實上卻完全處於被奴役的地位。

十六世紀末，巴拉圭原被劃歸祕魯總督區管轄。1617年，拉布拉他河省劃分為兩個小省，一個是以亞松森為省域的巴拉圭省，另一個是以布宜諾斯艾利斯為省域的拉布拉他河省，從此亞松森失去拉布拉他河流域的控制權。1776年，西班牙將原屬於祕魯總督區管轄的布宜諾斯艾利斯作為新設立的拉布拉他河總督區 (Virreinato de Río de la Plata) 的首府後，亞松森及整個巴拉圭原來享有的一切權利，都隨之從屬於布宜諾斯艾利斯，從而結束巴拉圭地區作為殖民地的優勢。

回溯殖民初期，巴拉圭的經濟相當不發達，基本上只限於發展生活必需的經濟。唯一比較重要的工業是開發在山上自然生長的馬黛茶。西班牙殖民者採納印地安原住民使用馬黛茶的習俗，隨後便普遍使用，成為日常生活中不可缺乏的飲品，並可以出口到拉布拉他河地區、智利、祕魯和厄瓜多。起初，馬黛茶成為巴拉圭獨佔的貿易商品，也是主要的財富。然而，遺憾的是這些收入大多歸西班牙的王室所有，而不是成為當地人民的財富。而且，後來大量種植馬黛茶，剝削了許多印地安人的勞力，甚至奪走成千上萬印地安人寶貴的性命。

隨後，巴拉圭也在亞瓜龍 (Yaguarón) 地區種植從巴西引進的菸草，不過要到十八世紀時才有比較成功的發展與生產，但最後也面臨與馬黛茶相同的命運。巴拉圭雖然曾經是殖民時期南美洲地區小型的貿易中心。然而，由於西班牙殖民官員的平庸及貪腐，以及總是貪婪想獲得印加地區的金銀寶藏，使得殖民政府無法專注於立即解決長久存在的生產與貿易上的障礙以及高關稅等問題。這些問題阻礙了巴拉圭經濟的成長。此外，西班牙征服者為了尋找黃金國 (El Dorado)❺及貴重金屬，

❹耶穌會是羅馬天主教修會之一，由羅耀拉 (San Ignacio de Loyola) 訂立會章，1534年創立於巴黎，1540年經教宗保祿三世 (Pablo III) 正式批准。耶穌會強調順從，特別要順從教宗，並准許修士在世界各地參加活動。因此，耶穌會成立數月後，即開始在國外傳教。在羅耀拉主持下，耶穌會發展極為快速。

所耗費的時間、物力、印地安及西班牙的人力及寶貴的生命，更是不計其數。隨著原住民人口的減少，殖民者可支配的勞動力也大幅降低，並產生許多嚴重後果。

第四節　耶穌會王國時期

一、發展背景

從十七世紀初的往後近兩百年期間，羅馬天主教會——特別是耶穌會成員，在巴拉圭社會與經濟上擁有非常大的影響力。1588 年 8 月 11 日，3 位耶穌會教士奉命從巴西來到亞松森，隨後進入巴拉那河上游，對當地印地安原住民傳播上帝福音，藉以改變瓜拉尼人的信仰。瓜拉尼原住民相信單一天神的信仰，正好與耶穌會只信仰上帝不謀而合。因此，耶穌會修士認為瓜拉尼原住民可以成為耶穌會的絕佳信徒。

自 1604 年起，耶穌會就開始在巴拉圭建立有別於祕魯及巴西，獨樹一格的耶穌會省教區，區域遍布拉布拉他河流域。其佔領的土地約 20 萬平方公里，並建立數十個「印地安天主莊園」(Reducciones)，對印地安人實行神權統治。

1607 年，由祕魯利馬出發的耶穌會傳教團 (Misiones)，集結各部會修士至巴拉圭共同布施傳道，天主教會正式授予耶穌會的托雷斯 (Diego de Torres) 神父全權執行一項新的殖民計畫，希望透過信仰上帝得恩寵的方式來取代現行的委託監護制。但是西班牙殖民者認為委託監護制的生活方式需要印地安原住民持續的勞動力，因而群起反對這項計畫。托雷斯神父深知此計

❺黃金國傳說始於一個全身灑滿金粉的南美部落酋長的故事。1531 年奧爾達斯 (Díego de Ordáz) 發起遠征，目的在尋找印地安人口中的「黃金國」。這是西班牙最早出發尋找「黃金國」的探險隊伍。此後，淘金的探險隊接踵而至。探險隊的成員，有些在亞馬遜河流域熱帶雨林的蟲毒瘴癘中染病身亡，有些在與印地安土著交戰時命喪黃泉，全身而退的人不多，而且始終沒有找到寶藏。然而，西班牙人無法抵擋黃金的魅力，為了追尋這個虛幻渺茫的傳說，仍前仆後繼痴狂頑強地探索。尋找傳說中的「黃金國」也成為征服新大陸的重要動力。

畫與委託監護制互不相容，因此將活動地點轉移到亞松森東南方的瓜伊拉 (Guairá) 地區。

二、天主莊園的建立與發展

初期，因當地印地安部族不接受教化，耶穌會教士執行此項新方案的成效不彰，進而轉向教化性情較溫和的瓜拉尼族。首先，熱情十足的耶穌會教士陸續在巴拉圭河與巴拉那河匯流處至巴拉那河上游地區，替瓜拉尼族興建「印地安天主莊園」，將約 10 萬名的瓜拉尼印地安人，集中安排住在莊園區內共同生活管理，以提供瓜拉尼族人比較優質的生活環境，並免受外力侵害。這個耶穌會王國，無疑是史上最大的共產生活試驗之一，也開啟了一個多世紀的耶穌教會的莊園制度。教會的首要目標是讓印地安人獲得自由，因此，社會並沒有特定的階級之分，猶如公社的生活方式。

位於拉布拉他河流域的耶穌會天主莊園曾面臨來自外部的嚴重威脅。十六世紀初，巴拉圭鄰近的巴西淪為葡萄牙殖民開墾地。而且，自 1532 年起，葡萄牙殖民者開始在巴西建立居留地，由於開墾需大量的勞動力，於是開始捕捉當地印地安人作為奴隸。此外，1580 年葡萄牙王位由西班牙王室繼承，國土被西班牙合併，西班牙王室在葡萄牙設立印地安事務委員會 (Consejo de India)❻，負責管理巴西，直到 1640 年葡萄牙恢復獨立為止。

此後，隨著巴西種植園經濟的日益發展，勞動力嚴重缺乏，捕奴活動因而更加猖獗，遂有巴西先鋒旗隊 (Bandeirante) 的產生。這些先鋒旗隊多為葡萄牙及荷蘭探險者的後代，以襲擊印地安部落，獵捕印地安原住民

❻印地安事務委員會是西班牙王室統治美洲殖民地的最高權力機構，成立於 1524 年 8 月 1 日，直接隸屬於國王。高級官吏均為國王親信，權力極大。殖民地的政治、軍事、財政和宗教受其管轄，政府機構不得干預。1580 年，葡萄牙併入西班牙，因此在葡萄牙也設立此機構。

為工作，並將之轉賣給巴西的殖民者作為奴隸，如有抵抗，即行屠殺。先鋒旗隊以聖保羅為基地，順著巴拉那河深入內地獵捕印地安人。

當時，耶穌會天主莊園正位於巴西先鋒旗隊掠奪的勢力範圍，但是西班牙殖民當局卻不保護這些耶穌會地區。因此，耶穌會及接受信仰的印地安原住民屢遭巴西先鋒旗隊的劫掠，尤其以 1629 年最為嚴重。當時，近 3,000 位先鋒旗隊人員大肆摧毀耶穌會天主莊園，沿途燒毀教堂，屠殺沒有勞動力的老人與小孩，並將整批成年的原住民以運送牲畜的方式，帶回巴西。

面對這樣的生存危機，使得原來接受天主教信仰的印地安原住民，不再相信天主能帶給他們幸福。智慧果斷的耶穌會教士則採取極端的應對方式，在路易斯德蒙托雅 (Antonio Ruiz de Montoya) 神父的帶領下，3 萬多名原住民以獨木舟撤退到數百公里外，位於南部靠近巴拉那河下游的另一處天主莊園。最後，大約 1 萬 2,000 名原住民存活下來。然而，此撤退並沒有阻止巴西先鋒旗隊的繼續侵擾，並差點摧毀整個耶穌會天主莊園。

三、耶穌會天主莊園的興盛與沒落

1639 年，因為祕魯總督允許耶穌會武裝印地安原住民自我防禦，並且在教士的帶領和訓練下，成功擊退並驅趕巴西先鋒旗隊獵人，此威脅才告平息。自此，便開啟了耶穌會在巴拉圭發展的黃金時代，進而建立耶穌會王國。瓜拉尼原住民以往不習慣紀律和固定居所的天主莊園生活，但因耶穌會提供較高的生活水準，以及免受亞松森殘暴冷酷殖民者的威脅與侵害，使他們很快便接受天主莊園生活。

耶穌會王國極盛時期曾建立 30 個耶穌會天主莊園，並統領 10 多萬名瓜拉尼原住民。

在生活方面，耶穌會提高了當地食物存量，並教導瓜拉尼原住民藝術和工藝。在經濟方面，莊園中除過著自給自足的富裕生活外，另有生產經濟作物，出口棉花、亞麻布、皮革、菸草及馬黛茶，其中以

表 2：巴拉圭耶穌會天主莊園人口總數

年　份	居　民	說　明	年　份	居　民	說　明
1628～1637	45,000	聖保羅人侵襲	1757	96,000	天花流行
1717	121,000	麻疹和天花傳染病	1773	80,000	耶穌會解體
1732～1739	140,000	天花和麻疹傳染病	1773～1801	43,000	印地安人逃亡
1739	74,000		1814	28,000	遺棄的廢墟
1753～1756	99,500	與聖保羅人作戰			

馬黛茶為出口大宗。此外，耶穌會還提供印地安軍隊以抵抗葡萄牙、英國和法國的侵擾。

由於耶穌會天主莊園經營得相當成功，因此招致眾多嫉妒和不滿，於是殖民者開始散布謠言，謊稱耶穌會私藏黃金，並會在短期間內宣布獨立，威脅到西班牙王室。另一方面，西班牙王室也認為，耶穌會天主莊園勢力不斷擴大，日益威脅王室。因此，耶穌會天主莊園終於在變化無常的時代中成了犧牲品。

1720～1735 年間，當地居民組織武裝力量，紛紛起而反抗西班牙王室的專制統治和打擊耶穌會的種種特權，史稱「亞松森起義」(Insurrección de Asunción)。起義雖然宣告失敗，但卻是新大陸反抗西班牙威權統治最嚴重的起義事件之一，並引起西班牙王室質疑，繼續支持耶穌會是否適當。1750～1761 年間，耶穌會因抗拒把位於烏拉圭河南部的 7 個天主莊園移轉給葡萄牙，因而導致「天主莊園戰爭」(Guerra de Siete Reducciones)。西班牙當權者相當重視此次事件，並認為應該廢除此國中之國的耶穌會天主莊園。

1767 年，西班牙國王卡洛斯三世 (Carlos III) 覬覦耶穌會天主莊園的財富，想利用此財富彌補王室的財政缺口，於是下令驅逐耶穌會。

圖 15：耶穌會天主莊園的遺跡

數十年後，耶穌會先前的耕耘成果漸漸遭揮霍殆盡，莊園也因管理不善失去其價值與效用。瓜拉尼族最後棄莊園而去，結束了長達近 200 年巴拉圭的耶穌會王國。當耶穌會被驅逐後，巴拉圭完全在西班牙的統治下，並於 1776 年併入新成立拉布拉他河總督區。

第五節　殖民時期的影響

十五世紀末至十八世紀末，西班牙是一個封建專制和重商主義的國家，其殖民政策也打上這樣的烙印。巴拉圭自 1537 年 8 月 15 日亞松森建城後，就正式淪為西班牙的殖民地，長期受到殖民者的壓榨與掠奪。殖民者採用一切手段為西班牙王室、貴族和大商人掠奪資源，侵佔土地，強行剝削和奴役殖民地人民，並以暴力手段無情地摧毀印地安原住民原有的社會、經濟和文化。此外，為了鞏固對殖民地的統治，西班牙殖民者把天主教強加在印地安人身上，影響所及遍於政治、經濟、文化及生活各方面。

一、人種混合及文化教育

由於瓜拉尼人有好客的習俗，他們會將瓜拉尼族的婦女送給西班牙殖民者以示友好。因此，在殖民時代，每位殖民者可能擁有數十位妻妾，產生了許多的印歐混種人，他們是巴拉圭的主要人種。雖然這些混血人種與西班牙殖民者多為近親，但是其社會地位不高，甚至有些被殖民者奴役，殖民者也不管其生死。

另外，由於引進黑奴，造成另一種血源的混合。十五世紀末，當歐洲殖民者在美洲開始殖民統治後，為解決殖民地的勞動問題，在奴役印地安人的同時，又從非洲引進大量的黑人充當奴隸。當時，西班牙國王費南多二世 (Fernando II) 批准把黑奴運進美洲，從事各類種植園的勞動，也從事放牧、採礦和家庭僕役等。黑奴被當作「會說話的牲畜」對待，因此被過度勞役，死亡率很高。直到 1842 年，巴拉圭總統羅培茲 (Carlos Antonio López) 宣布巴拉圭廢除黑奴制度，巴拉圭黑奴終於獲得自由。

在教育方面，實際上和歐洲情況相仿，天主教會利用政教合一的勢力壟斷美洲殖民地教育，使得殖民地文化非常閉塞。而且，為了防止殖民地人民的反抗，西班牙統治者對巴拉圭的印地安人、黑人和各種混血人種採取愚民政策，所以他們個個是文盲，就是土生白人的知識也少得可憐。當時，只有少數上層白人子弟或是少數富裕的混血人種才能受教育。所幸後來因耶穌會的投入，巴拉圭的文化及教育才有所復甦，不過絕大部分課程仍是以宗教為內容。

在文化方面，西屬美洲不但教育落後，而且對書刊的發行與流傳嚴格控制。凡是與天主教義不符的圖書，或不利於西班牙統治美洲殖民地的書籍，一律不得運往美洲。根據十八世紀西班牙宗教裁判所 (Inquisición) 的規定，有 5,000 多位作者的作品不准銷往美洲，並極力在殖民地查禁、銷毀禁書。然而，殖民地思想比較進步的人士，仍然想盡辦法，避開政府和教會的檢查，運來一部分的所需書籍。十八世紀後半期，檢查工作逐漸鬆弛，因此英、法一些啟蒙運動思想家的作品，在殖民地逐漸流傳，甚至還促成後來的獨立戰爭。

二、政治與社會

1. 政　治

十五世紀西歐封建制度逐漸衰亡，君主制日漸發展，王權不斷加強，中央集權制度確立。因此，西班牙國王根據本身利益、本國的政治和美洲殖民地的實際情況，在殖民地建立具有當地特色的政治統治制度。

十六至十八世紀末，西班牙還是一個專制、封建和重商主義的國家，因此對美洲的殖民政策和統治方式也沿襲了這種色彩。在征服和拓展初期，西班牙王室對殖民地的財富和所代表的重要意義還不十分了解，加上缺乏這種殖民經驗，所以對殖民地征服者干涉不多。不過，隨著殖民領地不斷的擴張，殖民地的政治、經濟和社會情況不斷地發展，為了防止殖民地征服者因權力過大而引起分裂，王室制訂一系列法令和訓令，恩威並濟，逐步削減殖民地征服者的權力，以加強並鞏

圖 16：西班牙殖民時期的亞松森天主教教堂

固王室在殖民地的統治地位。

西班牙的殖民統治機構是一個由上而下，非常龐大的官僚行政系統。為此，在國內設立「印地安事務委員會」，在殖民地則採總督制。總督是國王在殖民地的代表，而人選是王室最親信和最忠實的大貴族。他們負責殖民地的行政、財務稅收，而且有立法權、宗教事務指導權和軍隊指揮權。不過，為了防止總督坐大，在總督區內設有王室直接指揮的檢審庭，制衡總督。檢審庭是殖民地最高司法機構。檢審官不但有權審理司法案件，也有權對行政機構，包括總督在內的各級官員進行監督，必要時也可以傳訊總督。此外，王室也經常派欽差大臣或巡訪官前往殖民地，明察暗訪民情，並收集相關資料，以呈報國王。

檢審庭下劃分若干行省，設省督治理。行省又劃分若干市鎮轄區，它是殖民地最基層的地方行政單位。市鎮設有市政議會，成員大都是土生白人，是具有一定程度的地方自治團體，負責維持地方的政治、經濟秩序。更重要的是，如果國王的諭旨不符合市鎮轄區實際情況，市政議會可以不予執行。這種在政治上「尊而不從」的歷史現象，也成為十九世紀初巴拉圭及整個拉丁美洲獨立意識萌芽的溫床。但是，因為總督的干預，市政議會的權力還是有限。再者，由於混血人種、印地安人和黑人被排除在外，所以事實上市政議會只被少數有權勢者壟斷，徒有民主形式。

1700 年，西班牙由波旁王朝取代哈布斯堡王朝當政，在美洲殖民地強化中央集權，並向殖民地派遣正規軍。西班牙在巴拉圭及其他美洲殖民地雖有層層節制的官僚行政系統，但因官官相護，非常貪污和腐敗。當時政府職務被誤認為是提高社會地位和發財致富的捷徑，因此大小官吏都可以買賣，大小官吏都貪污成風。由於賣官、貪污的風氣高漲，加上中央集權與地方自治矛盾不斷增加，因此導致十八世紀末、十九世紀初巴拉圭及其他西班牙美洲殖民地獨立意識迅速增強，爭取獨立、自由、民主運動的蓬勃發展。

2. 社　會

1537 年，西班牙殖民者抵達巴拉圭，建立亞松森城，開始在巴拉圭的殖民活動。建立殖民據點，集中居住，一是為了有效佔有土地，另外是為了有效佔有自然和人力資源。這殖民據點就是市鎮的雛形，在此基礎上發展為新興的社會模式。這些新市鎮逐漸發展為地區和地方性的政治、經濟、宗教和文化中心，亞松森即是一個明顯例子。

殖民者在建立西班牙人市鎮的同時，也建立了印地安人的市鎮，以利有效控制和徵調土著勞力和利於誘導土著皈依天主教。一般而言，西班牙人的市鎮比較穩定，不斷壯大發展。而印地安人市鎮則因瘟疫流行和勞累過度，造成土著人口急遽減少。因為印地安人大量死亡，印地安市鎮的土地大面積荒蕪，陸續被委託監護主霸佔、併吞，產生了新型的大莊園 (Hacienda) 地產制度。不過，耶穌會在巴拉圭建立的「印地安天主莊園」則是一個成功、獨特的範例。

在人口種族構成方面，因為西班牙對美洲初期的征服團隊幾乎清一色以男性為主，後來，隨著統治的穩固，西班牙單身女性逐漸到來，但仍相當少數。因為缺乏女性，所以許多征服者便強佔印地安婦女或與之通婚，造成美洲大陸的新興人種。此外，殖民地社會階級也帶有濃厚的種族色彩。大莊園主、大牧場主、大種植園主、大商人和礦主是社會的上層階級，他們主要是西班牙人或土生白人，另有極小數的混血人種。殖民地官員則大多為來自西班牙的半島人，握有行政、司法大權。社會下層由廣大的印地安人組成，從事農牧、礦業生產活動。社會最下層的是奴隸。

三、經濟發展

巴拉圭因缺乏礦產，長期受到西班牙王室的漠視。後來因為耶穌會在巴拉圭建立「天主莊園」，從事教化及建設，使得巴拉圭經濟有所發展。殖民時期，巴拉圭的經濟活動主要以農業、林業及畜牧業為主。另外，有棉花、亞麻布、皮草、菸草及馬黛茶的出口，其中又以馬黛茶為出口大宗。這些經濟活動與作物，至今仍深刻影響巴拉圭的經濟發展。

另一方面，殖民統治時期，拉丁美洲的土地主要以大莊園制為其特徵。殖民初期採取委託監護制的方式，直到 1720 年西班牙宣布取消此制度。之後，又形成大莊園制和種植園制，採取單一產品的生產方式。單一產品制係西班牙殖民者根據宗主國及國際市場的需要，而推行的專門生產一種或幾種初級產品的畸形生產制度，目的在節省投資和獲取暴利。這種單一產品生產模式至今仍深刻影響巴拉圭及許多拉美國家的經濟發展。

四、殖民時期的反思

整體而言，西班牙殖民者前往美洲大陸主要是希望獲得在西班牙無法取得的財富及聲望，特別是傳聞中大量的金、銀、貴重寶石及奴隸。西班牙人在巴拉圭的探險並沒有找到傳說中的「銀山」(Sierra de la Plata)，更沒有找到通往此地的水道。從各方面而言，當時西班牙的文明比巴拉圭當地原住民來得先進，因此，西班牙征服者相當蔑視原住民，且認為印地安人是比較低等的，不應該享有人的權利。所以在和平時代，西班牙征服者視印地安人為奴隸；在戰時則將他們當作牲畜般使用。由於受到上述的不平等待遇，印地安人曾多次起義反抗西班牙殖民者。在 1537～1616 年不到 100 年的時間內，巴拉圭印地安人發動了 20 多次慘烈的起義。因此，在西班牙近 300 年的殖民時期，巴拉圭瓜拉尼人從初期的 20 多萬人，下降到末期的不到 1 萬人，堪稱是相當慘烈的種族滅絕。

至於天主教，到底是殖民者的幫兇或是印地安人民的救贖者？事實上，從殖民一開始，天主教信仰就伴隨著西班牙武力征服而迅速推進，在美洲殖民地得到廣泛的傳播。在這過程中，天主教依靠劍與十字架很快地在信仰領域佔據統治地位，但是它並未能徹底消滅原住民的宗教信仰。

天主教會對拉丁美洲社會生活實施嚴格的控制。在所有的城市村落中，教堂總是建在當地的中心廣場，而且是當地最美的建築。當地居民一出生就要受教會洗禮，以後不論是受教育、結婚，一直到老死，都要受教會的管轄。此外，天主教會也掌控拉丁美洲的文化教育事業。所有外地傳到拉丁美洲的書籍，事前都要經過天主教會嚴格的審查。

在殖民末期，天主教會或因良知的發現，對印地安人的保護略有貢獻。但是，大部分時間，教會對印地安人的暴行卻層出不窮，並不比世俗的殖民者遜色。他們焚毀印地安人的手稿，拆毀其廟宇，搗毀其宗教神像，甚至不少教士認為印地安人是「沒有靈魂的動物，像野獸一樣不能領會天主教」。1569 年 1 月 25 日，西班牙國王菲力普二世 (Felipe II) 命令在殖民地設立宗教裁判所，進一步嚴格控制美洲殖民地人民的思想與行為。而在巴拉圭「耶穌會天主莊園」的成立，雖在某種程度保護和教化瓜拉尼人，但也因勢力不斷坐大，遭到西班牙王室的忌妒，而最終不免遭到驅逐的命運。

此外，美洲殖民地權力的過度集中、殖民地的大小官吏都可以買賣、禁止生產或貿易許多物產、過高的關稅以及貿易獨佔等，在美洲殖民地衍生出一種缺乏效率的官僚體系，並造成巴拉圭及整個拉丁美洲從殖民時代起迄今，長久以來揮之不去的貪腐陰霾。西班牙殖民者藉著委託監護制、奴隸制以及其他大規模的蹂躪，對拉美進行壓榨。1733 年「自治公社起義」(Revuelta Comunera)，主要在反抗殖民地的不公與貪腐，也是一種吶喊，要求讓印地安原住民更大程度地參與殖民地內部事務。然而，遺憾的是，一切徒勞無功，不僅沒有改善殖民地的情況及當地人民的福祉，甚至讓情勢更加惡化，當地人民生活更加悲慘。

耶穌會天主莊園的設立，雖然備受批評，但卻是西班牙在巴拉圭殖民情勢最好的時期。耶穌會教導印地安人，特別是瓜拉尼人，用最好的方式耕種及牧養牲畜，並教導他們在藝術及手工藝上發揮才能。同時，耶穌會保護瓜拉尼人，使他們免於遭受殖民官員及委託監護主的奴役。再者，耶穌會也帶領印地安人抵抗巴西「先鋒旗隊」的侵擾，並讓巴拉圭及烏拉圭免於被葡萄牙併吞，持續成為西班牙的殖民地。因此，西班牙國王卡洛斯三世下令將耶穌會趕出巴拉圭及所有西班牙的領地，是一個不可原諒的歷史錯誤，也是對殖民地及瓜拉尼人最大的損失。如果耶穌會不被逐出在巴拉圭的天主莊園，也許巴拉圭往後的歷史將完全改觀；也或許能避免往後巴拉圭歷史上許多的戰爭、革命及成千上萬無謂的傷亡。然而，這就是歷史的現實。

第三章
獨立運動與長期獨裁專政

第一節　五月革命風起雲湧

一、獨立的背景與原因

在殖民統治時代，對於擁有廣大殖民地的西班牙王室而言，巴拉圭因為沒有重要的貴金屬等礦產及重要的地理位置，一直處於不受重視的地位。特別是 1580 年在布宜諾斯艾利斯重建後，亞松森更失去了在政治上的重要性。此外，西班牙王室並沒有派皇家軍隊駐防巴拉圭，因而巴拉圭統治者只能仰賴由當地居民所組成的非正規民兵來防衛。另一方面，由於 1537 年西班牙國王卡洛斯五世頒布皇家特別許可，賦予當地居民有選擇與罷免總督的權利，因此巴拉圭常有反抗西班牙王權的事件發生。

1720 年，因耶穌會阻斷西班牙殖民者利用原住民勞力，傷害西班牙殖民者的權益，以及西班牙王室長期以來的壓榨，造成巴拉圭與西班牙王室之間的關係日益緊張。在眾多的反抗事件中，最引人注目的是「自治公社起義」❶。此事件是因為祕魯總督將原先遭殖民地軍民罷免的親耶穌會執政官復職而引起的，也為巴拉圭1811 年的獨立運動吹響了號角。這次的起義是由亞松森經營菸草與馬黛茶莊園且與耶穌會有直接競爭的富裕家族所主導的。然而，在激起巴拉圭的貧農加入起義後，這些富有的莊園主選擇放棄起義，轉而要求西班牙殖民當局介入以恢復秩序。但事情一發不可收拾，起義的貧農開始搶奪富有莊園主的財物，並帶著財物離開亞松森。其中有一支激進的起義隊伍幾乎攻佔亞松森，但諷刺的是，西班牙殖民當局最後還是仰賴耶穌會天主莊園的印地安軍隊才能打敗這支起義隊伍。自治公社起義是亞松森逐漸沒落的徵兆。1776 年，西班牙王室新設拉布拉他河總督區，巴拉圭從原隸屬祕魯總督區改由新總督區管轄。亞松森及巴拉圭結束其原來享有的一切特權，以及在南美地區的優勢。此外，巴拉圭位處西班牙王國在美洲殖民地的邊陲地帶，北邊被殖民巴西的葡萄牙封鎖，南邊有印地安人環伺，東邊則遭耶穌會掌控。因此，許多當地年輕人被迫加入王室軍隊，或遠離家鄉求生存，造成巴拉圭勞動力的嚴重短缺。

不可諱言，巴拉圭的獨立運動有其深刻的內、外在因素。首先，西班牙在巴拉圭長達三百年的殖民統治，主要目的在大力搜刮當地的財富並運回西班牙，對當地並沒有太大的建設。而且，在殖民統治時期，享受巴拉圭各項利益的，並非廣大民眾，而是西班牙王室及在巴拉圭的一小部分統治者。

十九世紀初，西班牙對拉美殖民地的種種壓迫是巴拉圭，甚至整個拉丁美洲獨立革命運動的基本原因。因此，對於個人自由的爭取和反抗西班牙帝國的控制，美國獨立所爭取的民權，法國革命所獲得的自由、平等、

❶自治公社是殖民時期在巴拉圭的一種社群組織，主張政府的權力來自人民，且所有執政者向人民負責；自治公社可以集會審查王室的決定，若王室的決定違反自治公社的權利，自治公社會加以尊重，但可以不執行其決定；國王及其在美洲的代表不可以專橫無理。總而言之，自治公社要求擁有自由與良善的政府。1720 年，巴拉圭的自治公社起義，四處掠奪、蹂躪並大規模破壞財產，但也遭到殖民者殘酷鎮壓，造成 6,000 多人死亡，以及不可計數的財產損失。起義結束後，巴拉圭喪失了 1537 年西班牙卡洛斯五世國王頒布的皇家特別許可，即允許巴拉圭有選擇

博愛的思想，以及美、法成功推翻君權的史實，都為熱情的拉美土生白人青年，埋下革命的種子。

另外，殖民時期，西班牙王室對巴拉圭經濟上的控制與壟斷更是造成該地區人民反抗的主要原因。西班牙王室嚴格規定，殖民地只能和宗主國而不能和其他地區或國家貿易。因此巴拉圭的貿易透過西班牙才可以運往其他國家，而且必須付 15～17% 的稅；而外國貨物也必須經西班牙才能運送到巴拉圭，且必須付 36.5% 的關稅。再者，殖民制度嚴重歧視土生白人、印歐混血和印地安人。而且，西班牙殖民者建立宗教裁判所以控制巴拉圭人民的思想、剷除異己，也是獨立運動重要原因。

和罷免總督的權利，並喪失對最富有且有戰略意義的天主莊園的管轄權。另一方面，西班牙王室規定，巴拉圭的進出口，必須經由陸運送達遠在 500 公里外、阿根廷境內的聖塔菲 (Santa Fe) 港口裝卸。這不但造成進出口曠日費時，也造成大量金錢損失。

二、獨立運動的導火線與結果

十八世紀末與十九世紀初，與拉丁美洲隔大西洋遙遠相望的歐洲正逢法國大革命的動盪與拿破崙的崛起。1808 年，拿破崙揮軍南下攻佔西班牙，俘虜西班牙國王費南多七世，並任命其弟約瑟夫為西班牙國王。1811 年，西班牙游擊隊在英國軍隊的協助下，將拿破崙軍隊逐出西班牙。1814 年，西班牙國王費南多七世復辟。在拿破崙佔領西班牙期間，約瑟夫不要求西班牙美洲殖民地的認同與效忠，斷絕了宗主國與殖民地之間的連結，而整個殖民體系也因失去正統宗主關係而紛紛起義，面臨解體。

1806 年與 1807 年間，英國軍隊曾兩度試圖入侵布宜諾斯艾利斯，當地居民在巴拉圭的協助下，英勇擊退英軍。此次的勝利，進而鼓舞並推動拉布拉他地區人民反對西班牙殖民統治和爭取獨立的戰爭。因此，當 1808 年拿破崙入侵西班牙，國王費南多七世被迫退位，給予布宜諾斯艾利斯居民爭取獨立的大好時機。1810 年 5 月 25 日，爆發群眾示威，人民在莫雷諾 (Mariano Moreno) 和貝爾格拉諾 (Manuel Belgrano) 等人的領導下，發動革命，推翻西班牙任命的總督，並成立拉布拉他臨時政府，史稱「五月革命」(Revolución de Mayo)。

革命成功後，布宜諾斯艾利斯當局極力堅持巴拉圭加入臨時政府，接受控制。但是，巴拉圭人不願意聽命於布宜諾斯艾利斯當局。她們認為當巴拉圭在新大陸掌握控制權時，布宜諾斯艾利斯當時還只是南美空曠彭巴草原邊緣上的不毛之地。由於巴拉圭極力反抗，布宜諾斯艾利斯當局命令貝爾格拉諾將軍率領部隊進攻亞松森。不過，巴拉圭的民兵卻先在巴拉瓜立 (Paraguarí) 和塔古立 (Tacurí) 徹底擊潰拉不拉他臨時政府軍隊。此次戰役讓巴拉圭人了解西班牙殖民統治即將結束，他們很快就可以掌握真正的權力。

另一方面，此次戰役也讓當時西班牙在巴拉圭的執政官維拉斯科 (Bernardo de Velasco) 對巴拉圭的民兵實力感到憂心，深怕會對他的統治帶來威脅。於是，他先下手為強，將民兵擊潰並命令民兵解甲歸田。不過，維拉斯科卻未支付民兵參與戰鬥 8 個月的軍餉，而且在民兵於巴拉瓜立和拉不拉他臨時政府軍隊作戰時，當時維拉斯科認為拉不拉他臨時政府軍隊即將獲勝而陣前脫逃。這些因素終於造成下屬的不滿，也喪失對他的尊敬。

最後爆發了促成巴拉圭獨立的關鍵事件。當貝爾格拉諾將軍駐紮在現今阿根廷與巴拉圭邊境，對巴拉圭造成威脅時，維拉斯科曾向在巴西的葡萄牙軍隊求援。但是，維拉斯科低估了巴拉圭人的民族精神。巴拉圭人民在兩位民兵隊長卡巴耶羅 (Pedro Juan Caballero) 和耶格羅斯 (Fulgencio Yegros) 的領導下發動獨立革命，並迅速逮捕、罷黜了維拉斯科，終於推翻殖民政權。1811 年 5 月 14 日深夜，巴拉圭宣布獨立。同年 6 月，議會正式宣布脫離西班牙統治，成立巴拉圭共和國。

第二節　國家的建構與佛朗西亞的專制獨裁

一、國家的建構

1811 年 5 月 14 日，巴拉圭革命成功之後，由民兵領袖耶格羅斯所領導的政務機構迅速成立。曾積極參與獨立運動的羅格里德斯佛朗西亞 (José Gaspar Rodríguez de Francia)，成為執政委員會的成員之一。儘管當時軍隊掌握實權，但是佛朗西亞則是具有靈活的政治手腕，而獲得廣大墾殖農民的支持。

雖然，拉不拉他臨時政府堅持並希望最終能統治巴拉圭，但是 1811 年，佛朗西亞提出以對等地位與拉不拉他臨時政府結為同盟，並成功地在同年 10 月 11 日，迫使拉不拉他臨時政府簽訂一項模糊的軍事同盟協議。簽訂這份協議不但顯示佛朗西亞深具智慧且極具外交斡旋能力，也顯示他擁有影響國家未來的關鍵地位。另一方面，這項協議相當於阿根廷默認巴拉圭的獨立。因此，佛朗西亞得以鞏固其政權，並提高政治菁英對他治理國家能力的信心。

1811 年末，佛朗西亞因不滿軍方將領干預其執政，憤而離開執政委員會。他在亞松森附近的伊巴拉伊市 (Ibaray) 向支持群眾表示，巴拉圭革命的理想已遭違背，政府的改變只是從西班牙統治階級換成土生白人菁英統治。此外，目前的執政委員能力不足又管理不善。佛朗西亞引退之際，在巴西的葡萄牙軍隊正企圖越過北部邊界進攻巴拉圭。此外，拉不拉他臨時政府正打算利用 10 月 11 日簽訂的同盟條約，要求巴拉圭軍隊協助解決拉不拉他各省的糾紛，卻發現雙方簽訂的協定只是一紙空文。拉不拉他政府立即決定關閉拉布拉他河航線，中斷巴拉圭的貿易並對其進行封鎖。同時，拉不拉他政府更直接下令巴拉圭組織軍隊，共同對抗來自烏拉圭的西班牙軍隊，並且要求執政委員會重新談判條約。執政委員會感到恐慌，於是在 1812 年 11 月召回佛朗西亞，力邀他主導外交政策，並同意將半數的軍隊和能利用的軍火物資交由佛朗西亞指揮及運用。因此，佛朗西亞很快地再度掌握了執政委員會。

1813 年 5 月，阿根廷特使海雷拉 (Nicolás de Herrera) 到達亞松森進行恐嚇、欺騙和賄賂利誘，企圖迫使巴拉圭與阿根廷簽訂不平等聯盟。但是，佛朗西亞卻於同年 9 月 30 日召開巴拉圭會議，10 月立憲，再次重申巴拉圭為獨立的共和國。同時，宣布將支持與拉不拉他臨時政府聯盟的兩名成員逐出執政委員會，並拒絕與拉不拉他臨時政府締結任何條約。

1813 年 9 月 30 日，巴拉圭議會的召開，創拉丁美洲的先例。巴拉圭成年男子普選出 1,100 位議員，而且有相當比例的議員代表佔巴拉圭多數的農業貧苦階級。然而諷刺的是，如此民選產生的議會，竟醞釀了巴拉圭獨立初期長期專制統治的條件。議會任命佛朗西亞為執政官，並規定每 4 個月與副執政官耶格羅斯互換職務。但是因為代表國家主義派的耶格羅斯並沒有政治野心，再者，佛朗西亞早就獲得國家主義派與一般大眾的支持，因此擁有更大的權勢並主導巴拉圭的政治發展。1813 年底，議會再次召開大會，宣布佛朗西亞為巴拉圭共和國最高執政者，任期 5 年。隨後於 1816 年召開第 3 次大會，更推舉佛朗西亞為永久的執政者，開啟佛朗西亞的獨裁專政。

二、佛朗西亞的獨裁專政

佛朗西亞的政府，民間稱之為卡徠寡肅政府 (Karaí Guazú)❷。他禁止任何政治活動，剝奪教會的財產和權利，取消亞松森市政府，並且設置情治系統，造成巴拉

❷卡徠寡肅在瓜拉尼語意為「偉人」，這是巴拉圭貧苦階級及印地安人對佛朗西亞的尊稱。

圭的白色恐怖時期。反對陣營或異議人士，很可能在無預警下就遭到逮捕，成為失蹤人口。當時盛行將意圖反對佛朗西亞政權的人士移送至「誠實室」(Cámara de la Verdad)，嚴刑拷問，每年有將近 400 名政治犯送往祕密處拘禁。1820 年，佛朗西亞的情治單位破獲並迅速擊潰計畫暗殺佛朗西亞的上層菁英反叛集團，逮捕近 200 名上流人士，大部分均遭處決。其中包括獨立初期與他共同執政的耶格羅斯，而卡巴耶羅則在處決前自縊身亡。

1821 年，佛朗西亞突然再次出手，在亞松森大廣場召集近 300 位在巴拉圭的西班牙居民，莫須有指控他們犯了叛國罪，強行逮捕並監禁 18 個月。最後，這些人士同意共同償付 15 萬披索的鉅額款項（相當於當時巴拉圭 75% 的年度預算），才獲得釋放。但因賠款數額鉅大，已打破了他們原來在巴國經濟上的支配地位。

此外，佛朗西亞政府的其他嚴峻政策與他年少時的經驗息息相關。在西班牙殖民時期，巴拉圭對於種族血統的分別與所對應的社會地位有極鮮明的區分。而且，當時教會也有所謂「血統純正」的迷思，認為殖民地的某些職務必須血統純正才能出任，因此當傳言佛朗西亞的父親是種植菸草的黑白混血時，這讓他遭受許多異樣的眼光與歧視，造成求學與求職的路上，處處受阻。所以當佛朗西亞掌權後，便禁止歐洲殖民者互相通婚，強制他們必須與當地男女結婚，以間接報復傳言他血統不純正而歧視他的人。

天主教會也是佛朗西亞改革的重要目標。往昔，天主教會提供「上帝賦與國王的神聖權力」的思想教義，作為西班牙統治上的依靠。同時，教會也灌輸印地安人在社會等級與經濟地位的宿命論。為破除這些迷思，佛朗西亞禁止宗教命令、廢除宗教法庭、關閉神學院、強迫教士還俗並宣誓效忠國家、廢除教士免受法院管轄的豁免權、沒收教會的財產並將教會的財產納入國家管轄。因此，教會極為痛恨佛朗西亞，甚至在他去世後，沒有任何神父願意為他主持安息彌撒，最後還勞動來自西班牙的神父來主持。不久後，佛朗西亞的遺體被反派分子盜出，丟棄在巴拉圭河，以報復他的獨裁專政。

在對外關係上，佛朗西亞採取孤立主義並實行鎖國政策，禁止對外貿易和一切人員的出入境。對內則實行獨裁統治，血腥鎮壓反對分子。因此，這些作為直接衝擊巴拉圭的商業與貿易，影響馬黛茶與菸草的出口，也深刻影響殖民時期西班牙統治者的後裔、教會高層、軍方將領、貿易商與大莊園主，使得巴拉圭經濟發展嚴重停滯、衰退。

另一方面，在獨裁初期，大多數的亞松森居民和墾殖農幾乎全是目不識丁的文盲，只有都市的菁英階級才有接受私立教育的機會。尤其是大學教育，因為學費昂貴，只有少數人可以自費進入目前位於阿根廷、極富盛名的哥多華大學 (Universidad de Córdoba) 就讀。因此，當時巴拉圭大量缺少具有管理、行政與金融背景的專業人才，從事相關管理與建設。

雖然佛朗西亞的獨裁打擊了上層菁英分子與教會，但中下層民眾也因國家權力的擴張而受惠。佛朗西亞政府把菁英階級及教會取得的土地租借給貧苦階級，並利用強制徵收款項和充公品以減少大眾稅捐。因此，當佛朗西亞實行上述肅清政策時，民眾大多充耳不聞，鮮少抵制。佛朗西亞藉由罰款、徵收、充公等手段，使得政府成為巴拉圭最大的莊園主，由軍方經營 45 個大型農場。農場經營得很成功，甚至有過剩的糧食與牲畜可以贈予、嘉惠農民。

與南美洲其他國家比較，佛朗西亞執政期間，巴拉圭是一個有效率、穩定安全和比較公正的國家，雖然犯罪率持續存在，但卻寬容對待罪犯，只令罪犯從事市政府工程建設來抵刑期。此外，他也開啟巴拉圭給予他國政治犯提供庇護的傳統慣例。儘管烏拉圭的政治要角阿爾提加斯 (José Gervasio Artigas) 與佛朗西亞相互衝突，且對巴拉圭不友善，但是當阿爾提加斯落難時，佛朗西亞仍提供他安全且有尊嚴的庇護，直到他平靜地在巴拉圭過世。

佛朗西亞本身極為清廉、儉樸又正直。在他去世前，為國庫所留下的總值至少是上任前的兩倍。此外，佛朗西亞也積極發展造船與紡

圖 17：佛朗西亞

1766 年 1 月 6 日，佛朗西亞出生於巴拉圭首都亞松森。他年輕時曾在阿根廷哥多華大學蒙塞拉學院 (Colegio de Monserrat) 學習神學，1785 年獲得神學博士學位。翌年返回亞松森，在聖卡洛斯神學院 (Seminario de San Carlos) 教授神學和拉丁文。但是，因為他的激進主張，讓他無法繼續任教，最後被迫放棄教職，轉而學習法律，並於 1788 年開始從事律師工作。在成為律師後，佛朗西亞成為社會上的活躍分子，並大力協助貧窮階級對抗富有階級。1807～1809 年，任職亞松森市政會，展現他對政治的高度興趣，並於 1809 年成為亞松森市長。

佛朗西亞是巴拉圭歷史上最著名，同時也是最具神祕感的政治人物之一。巴拉圭著名的小說家巴斯托斯 (Aguato Roa Bastos) 曾以自傳文體撰寫《我，最高領導人》(*Yo, el Supremo*)，詳細描述佛朗西亞的個性及思想。

從 1814～1840 年，佛朗西亞長期獨裁統治巴拉圭。雖然當時國內外情勢，使巴拉圭似乎不太可能以一個獨立的國家生存下去，但佛朗西亞卻成功地把巴拉圭建造成一個強大、繁榮與穩固的獨立國家。他去世時所留下的巴拉圭是一個和平、國庫充裕和產業興盛的國家。

雖然，佛朗西亞生性儉樸、真誠、勤於職務且深受中下階層的支持，但是，撇開上述的成就與優點，執政期間佛朗西亞大力侵害人權，並運用監視與白色恐怖手段，把巴拉圭變成極權的警察國家。在他的統治之下，傳統的菁英階層遭到嚴重迫害。縱使佛朗西亞搞殘酷的白色恐怖，但在他統治下受害的死亡人數，與當時拉美其他國家每年因流血革命死亡的人數比較，其實並不多。

與拉丁美洲其他地區比較，獨立初期的巴拉圭相對是比較不發達的地方。而且，整個國家受到強敵環伺，以及查科地區好戰的原住民部落的挑戰。在此歷史背景下，佛朗西亞以激烈的政策和手段來維護國家免於分裂。佛朗西亞不但具有靈活的政治手腕，也是當時巴拉圭唯一具有外交、經濟、金融與管理背景的人物。佛朗西亞的權勢來自於他的組織才能與強勢的性格。他藉由讓原來信心不足的菁英階層相信他是治理巴拉圭不可或缺的人物，來鞏固自己的權力。

巴拉圭歷史學者筆下的佛朗西亞是一位常穿黑長禮服的孱弱老者，他欽羡並仿效法國大革命中最激進的部分。他主張以廢除私產制度、土地共有為前提，建立「平等國家」的烏托邦社會。同時，他厭惡舊體制的政治文化，而自命為革命家。在其獨裁統治的高峰期，當佛朗西亞漫步亞松森街道時，過往行人須隨即立正，並脫下帽子背對他。因此，當時很少人能目睹這位最高領導人的廬山真面目。另一方面，佛朗西亞是一個無情地摧毀上層菁英分子，卻順應普羅大眾利益的獨裁者。

總之，在近 26 年的執政期間，不論是國家層級的決策乃至於芝麻大小的所有公共政策，都需要他同意才能執行。雖然，他使得巴拉圭政經大幅發展，帶動巴拉圭往真正獨立國家的道路邁進，並獲得巴拉圭普羅大眾的肯定與支持。然而，他的執政也造成巴拉圭多數民眾對政治的無知和冷漠。

持平而論，佛朗西亞具有政治的天分和強人的性格，他成功帶領巴拉圭的發展，並讓巴拉圭免於遭受強鄰巴西和阿根廷的威脅。同時，他具有愛國的理念，但卻未能體現在民主上。此外，佛朗西亞從一開始就深刻了解拉美及巴拉圭獨立的真正意涵。而且，他的一切作為都是為了巴拉圭的發展和長治久安。

織等民生工業。同時，他推動集中管理農業部門，讓原來依賴單一產品出口的農業，生產更加多元化。上述措施使得巴拉圭的整體經濟發展，逐漸達到佛朗西亞追求的自給自足經濟型態。

執政期間，佛朗西亞最大的成就莫過於，在強敵環伺下維護國家的獨立。為此，他採取孤立政策，使巴拉圭不與對其懷有敵意的鄰國往來，並採取不干預的外交政策。此外，他研判阿根廷將成為巴拉圭潛在的威脅。因此，改變對巴西的外交方針，於 1821 年在第一時間立刻承認巴西獨立。同時，他也隨時提防及避免雙方可能發生的戰爭，並排除巴拉圭親阿根廷布宜諾斯艾利斯省執政者羅薩斯 (Juan Manuel de Rosas) 的政敵，以鞏固自己的執政地位。

另外，佛朗西亞雖然嚴密監控進出口貿易，但卻與巴西和阿根廷貿易以獲取國外物品，特別是充裕的軍火裝備。事實上，如果此時巴拉圭推動一個比佛朗西亞更積極的外交方針，將會使巴拉圭像阿根廷、烏拉圭與巴西在獨立的數十年間，身陷革命與戰爭的漩渦中，成為另一個悲劇戰場。佛朗西亞執政時，國內長時間的和平，使得巴拉圭人口加倍成長，達 25 萬人。另一方面，佛朗西亞很有智慧地與生活在查科地區游牧的印地安民族和平共存，並進而與他們聯盟，以取得國內的穩定。同時，巧妙地運用印地安民族，達到威嚇、遏止鄰國的入侵。

總而言之，十九世紀上半葉巴拉圭的獨立和所有成就，幾乎完全是佛朗西亞的功勞。但是，在他的獨裁專制下，卻也顯示出一般民眾對他盲目的支持和對政治的無知。1840 年 9 月 20 日，佛朗西亞逝世後，巴拉圭又爆發另一場政權爭奪的風暴。

第三節　羅培茲家族獨攬大權

1840 年 9 月 20 日，佛朗西亞逝世後，因未指定繼承者，使得巴拉圭隨即陷入了混亂的局面。雖然，佛朗西亞所留下的是一個漸漸走向繁榮的社會主義國家，但是，因為人民大多沒有政治經驗，只能繼續接受濃厚的獨裁統治傳統。在群龍無首的情況下，以巴蒂鈕 (Policarpo Patiño) 為首的軍事執政團隨即成立，並自佛朗西亞派手中奪得政權。巴蒂鈕執政後，釋放了一些政治犯並試圖取代佛朗西亞成為最高領導人。因為未能有效掌權，終於在 1841 年 1 月遭到推翻，16 天後又發生另一次政變。混亂的政局一直到同年 3 月，文官羅培茲及軍人阿隆索組成執政委員會，以及 3 月 12 日國會選舉羅培茲為執政官，才稍稍平息。1844 年，國會推舉羅培茲為巴拉圭共和國總統，他是繼佛朗西亞之後第二位獨裁者，直到 1862 年，執政長達 18 年。

一、羅培茲的獨裁統治

羅培茲執政後，宣布廢除奴隸制和酷刑，並釋放了所有的政治犯。他於 1842 年頒布《生育法》(*Ley de Últero Libre*)，廢除奴隸買賣，並保證奴隸的子女在年滿 25 歲可獲得自由。不過，這項政策並未改變奴隸的身分與地位，而且降低了奴隸買賣的價格。

另外，羅培茲執政時，力求巴拉圭現代化。雖然他不喜歡外國人，也對外國人抱持不信任態度，但是，一改佛朗西亞時期的嚴密隔離措施，他取消了與外界往來的諸多限制。羅培茲政府鼓勵出口貿易，並廣邀歐洲的醫生、工匠、投資者和專業人士移居巴拉圭參與國家建設，因而大力促進巴拉圭的經濟發展。在公共建設上，他修築多條公路與電報系統。1858 年，經由英國商人的協助，在巴拉圭建築南美最早的鐵路。同時，他積極改善國防，並廢除天主莊園。另外，羅培茲也採取種種措施，減少查科地區原住民所帶來的威脅。

在教育方面，羅培茲執政期間獲得相當的成果。他成立 400 多所小學，讓 2 萬 5,000 名學生接受初級教育，更建立國立的中學教育，有效提升巴拉圭人民的知識與能力。同時，他也派遣公費生到海外深造。不過，羅培茲的教育政策在推行上遭遇困境，未能全面改善巴拉圭人民的文盲現象。因為，在佛朗西亞時期，受過教育的菁英階級遭到整肅，教師也不能倖免。此外，1845 年 4 月 26 日，羅培茲發行巴國第一

圖 18：亞松森的舊式火車站停放著舊式火車

份官方報《獨立巴拉圭人報》(*El Paraguayo Independiente*)，藉以宣揚獨立精神與國家主權。

另一方面，羅培茲與佛朗西亞一樣，都將維護巴拉圭的生存，作為執政的核心目標。因此，他藉開放出口貿易以增加國家的稅收；尋求外國專家協助，建立煉鐵廠與大型造船廠；建築新鐵路以轉運軍隊；運用外交手段以保護巴國人民在海外利益。雖然羅培茲在各方面有相當多的建樹，但他仍是對巴拉圭民眾施以鐵腕統治的獨裁者。他也和佛朗西亞一樣，都未給予人民任何形式的意見表達自由，人民被迫放棄該有的政治權利。議會更是有如他個人的橡皮圖章。在 1844 年制定的《憲法》，更將所有權力都授予羅培茲。

在外交政策上，羅培茲結束了巴拉圭的孤立狀態，與許多歐洲國家及美國建立外交關係。此外，在巴西的慫恿及阿根廷總統羅薩斯不承認巴拉圭主權獨立的情況下，羅培茲改變佛朗西亞時期的中立政策。在 1845～1846 年，他介入阿根廷內戰，並以「獨立或死亡」號召巴拉圭人民，支持阿根廷科連恩特斯省 (Corrientes) 的革命運動。最後，不但沒有成功，還招致阿根廷反擊。所幸在英國與法國的軍事壓力下，

表 3：巴拉圭的主要出口物品（1851～1864 年）

年分	雪茄		菸草		馬黛茶		皮革		其他	
	數量（支）	千披索	重量（公斤）	千披索	重量（公斤）	千披索	數量（匹）	千披索	千披索	總金額（披索）
1851	191	1.4	328,860	51	975,240	233	1,000	2.5	11	298,900
1855	4,900	18	2,551,500	419	1,905,120	336	35,000	74	32	879,000
1860	6,000	22.4	1,417,500	270	2,029,860	1,094	47,000	98	36	1,520,400
1861	5,445	19.4	1,735,200	309	2,891,700	674	37,000	71	53	1,301,000
1862	3,948	9.8	3,662,820	904	2,131,920	706	38,000	85	47	1,751,800
1863	4,171	12.8	2,052,540	515	2,177,280	965	27,000	59	49	1,600,800
1864	16,100	31	3,662,820	822	2,540,160	1,232	46,000	91	51	2,227,000

表 4：巴拉圭進出口總值（1851～1864 年）

年份	出口	進口	結算
1851	296,400	230,907	65,493
1855	805,000	431,835	373,165
1860	1,422,400	855,841	566,559
1861	1,055,400	1,013,246	42,154
1862	1,666,800	1,136,000	530,800
1863	1,541,800	1,148,000	393,800
1864	2,136,000	1,400,000	736,000

阻止阿根廷對巴拉圭的進攻。但是，阿根廷羅薩斯總統對巴拉圭的貨物進行禁運。在這樣的困境下，1846 年，羅培茲不得不派遣外交人員前往烏拉圭，與英法兩國共同參與外交協商。

1852 年，阿根廷羅薩斯政權被聯邦派烏爾基薩 (Justo José de Urquiza) 推翻，羅培茲與阿根廷簽署條約，阿根廷承認巴拉圭獨立，同時放寬對巴拉圭內河航權的箝制。同年，羅培茲也與美法兩國簽署友好、商業及航運等多項條約。不過，巴拉圭的外交緊張情勢並未因此減緩，反而日漸升溫。雖然，羅培茲認為應該妥善處理巴西與阿根廷之間的邊界危機，但是，他卻未經深思熟慮即草率放棄佛朗西亞時期外交中立的重要政策。因此，巴拉圭與阿根廷和巴西領土邊界上的爭議與彼此不合便時而發生。

事實上，巴西和阿根廷能夠容忍巴拉圭的獨立，即著眼於將巴拉圭視為相互試探對方擴張意向的緩衝國，雙方也承認彼此無法壓制巴拉圭。同時，如果巴拉圭對巴西及阿根廷皆具敵意，這將給兩國聯合對抗巴拉圭的藉口。稍後的三國同盟戰爭，就是在此背景下爆發的。面對與鄰國的邊界衝突，羅培茲深信巴拉圭的現代化應透過軍事途徑。因此，當羅培茲於 1862 年 9 月 10 日去世時，已為巴拉圭建立南美最強大的部隊。

蓋棺論定，羅培茲終其一生，效力巴拉圭的現代化。然而遺憾的是，他的一切努力都集中在國家軍事化，這對國家的經濟造成沉重的負擔。而且，受其子小羅培茲的慫恿，將軍隊從 5,000 名軍人，大幅擴編為 2 萬 5,000 名，是當時巴西軍隊的兩倍。此外，羅培茲於執政最後兩年，在缺乏黃金準備下，任意發行鈔票，不僅顯示國庫空虛，也意味國家財政窘困。另一方面，羅培茲拋棄前政府中立的外交政策，並且與巴西及阿根廷兩大強鄰為敵，這為巴拉圭帶來可怕及嚴重的後果。羅培茲不知道應該在適當時機與巴西協商；但對阿根廷則又太過於遷就。他介入鄰國事務，鑄成大錯。1859 年，他指派小羅培茲前往調停阿根廷聯邦政府與布宜諾斯艾利斯省之爭端，更是一大錯誤。此外，羅培茲也不知道遏止政府嚴重的貪污現象，並放任家人大肆搜刮民脂民膏。他們鄙視法律，嘲弄正直、清廉。但最終他們家敗人亡，為歷史的洪流所吞噬。

二、挑起戰端的小羅培茲

1862 年 9 月 10 日，老羅培茲去世後，巴拉圭共和國總統職缺，先由當時戰爭部長小羅培茲臨時擔任。同年 10 月 16 日，國會召開臨時會，雖然有一些議員提出 1844 年的《憲法》明文禁止「家族世襲」，

圖 19：羅培茲

1792 年 11 月 4 日，羅培茲出生於亞松森一個擁有 8 名兄弟姐妹的低下家庭，父親是鞋匠兼裁縫師。羅培茲從小就很聰明，在親友的支助下，在亞松森聖卡洛斯學院學習神學與哲學。但是，私底下他也努力學習法律和社會科學。畢業後，曾從事教職及律師工作，是當時巴拉圭少有受過高等教育的菁英分子。1826 年，羅培茲與卡莉幼 (Juana Pabla Carrillo) 結婚，她在羅培茲的生命中及巴拉圭共和國歷史上，扮演非常重要的角色。卡莉幼獲得教父羅哈斯・阿蘭達 (Lopéz Rojas y Aranda) 贈予廣大的莊園作為嫁妝，這大幅改善羅培茲的社會及經濟地位。因此，羅培茲默默準備在後佛朗西亞時期，接掌巴拉圭政壇。不過，在未執政前，羅培茲在巴拉圭政壇上卻顯得默默無聞。

羅培茲執政後的機關組織與佛朗西亞時期甚為相似，但在外貌、風格與政策上兩人卻是大相逕庭。相較於乾瘦型的佛朗西亞，羅培茲是個大胖子，朋友戲稱他像是「肉串子」。雖然都是獨裁者，佛朗西亞一生自持清廉，並將自己看作是完成巴拉圭革命與獨立建國的一位公民。然而，羅培茲卻一心想把巴拉圭變成一個封建王國，建立屬於自己的王朝。他利用佛朗西亞時期奠立的深厚基礎，作為個人與家族獲取財富的跳板。他相當貪污腐化，擁有全國半數的土地，成為全國最大的莊園與牧場主。此外，他還將國家收入佔為己有，並將巴拉圭大部分的商業掌握在自己家族手中，同時透過壟斷巴拉圭馬黛茶的貿易以累積自己的財富。但是，兩人相同的是，在外交政策上都盡全力維護巴拉圭的獨立。在國內政治上，他們都採取高壓獨裁統治，都沒有給人民言論的自由，更剝奪人民至上的權利。1862 年羅培茲去世後，更由他的長子小羅培茲接掌政壇，建立羅培茲家族王朝。

圖 20：羅培茲總統府

但最後國會仍通過推舉小羅培茲為巴拉圭共和國總統，任期 10 年。如果小羅培茲遵循他父親老羅培茲臨終前建議他在對外關係上避免激進作為，特別是在對巴西的關係上，相信他作為巴拉圭的統治者應能相當稱職。小羅培茲在執政期間，巴拉圭在國際關係上面臨窘境。其原因來自阿根廷與巴西的邊界和關稅糾紛。小羅培茲小看了巴拉圭的鄰國，並高估了自己的實力。因此，執意幫助烏拉圭擺脫這兩個強權的欺壓，且為維護該地區勢力的平衡而介入戰爭，終於爆發慘烈的三國同盟戰爭 (Guerra de la Triple Alianza)。

第四節　三國同盟戰爭

三國同盟戰爭又稱為巴拉圭戰爭，爆發於 1864～1870 年間，長達 5 年多。交戰雙方為巴拉圭對巴西、阿根廷及烏拉圭的三國同盟，是拉丁美洲史上最慘烈的一次戰爭。這次戰爭，巴拉圭戰敗，割地賠款，國家幾乎滅亡，全國人口減少 75% 以上。

一、三國同盟戰爭的導火線

戰爭的原因錯綜複雜，其中包括了許多舊恨新仇。長期以來，巴拉圭、巴西、阿根廷、烏拉圭對邊界河流的通航權多所爭端。而且，由於巴拉圭河、巴拉那河、皮科馬約河及烏拉圭河組成的拉布拉他河流域豐水與枯水期時間不同，間接影響各國商業交通運輸的命脈。

另一方面，巴西與阿根廷相互爭奪烏拉圭也是戰爭爆發的另一個因素。因為烏拉圭位於巴西和阿根廷兩大國之間的拉布拉他河出海口處，戰略地位十分重要。1814 年，烏拉圭擺脫西班牙的殖民統治，可是 1821 年又被葡屬巴西兼併。1825 年，烏拉圭民眾起義，同年 10 月脫離巴西，與阿根廷合併。1825 年 12 月，爆發第一次烏拉圭戰爭，巴西向阿根廷宣戰並派遣軍隊入侵烏拉圭，最後巴西失利。1828 年，在英國介入下，巴西與阿根廷在蒙特維多 (Montevideo) 簽訂和約，承認烏拉圭為獨立國家，但是巴西與阿根廷仍然不斷地覬覦、垂涎烏拉圭。

1835 年，烏拉圭出現兩個對立政黨；一是總統李維拉 (José Fructuoso Rivera y Toscana) 為首的紅黨 (Partido Colorado)，另一為總統奧利維 (Manuel Oribe) 為首的白黨 (Partido Nacional)，兩黨互相鬥爭，引發內亂。紅黨為自由派，白黨為保守派。巴西支持紅黨，而阿根廷則支持白黨，兩國利用兩黨政爭，染指烏拉圭內政。1863 年，烏拉圭執政的白黨與在野的紅黨爆發激烈衝突，烏拉圭政府因此請求巴拉圭居中調停斡旋。一方面，小羅培茲急於在國際舞臺上嶄露頭角；另一方面，他錯誤地以為維護烏拉圭的獨立，對巴拉圭的未來至關重要。因為巴西侵入烏拉圭，已威脅到巴拉圭。所以，面對烏拉圭的請求，小羅培茲立即答應擔任調解人。但是正因為如此，嚴重危害巴拉圭自身的生存。

1864 年 8 月，巴西出兵干預烏拉圭，並支持在內戰中親巴西的紅黨。對此入侵行動阿根廷並沒有任何反應，而小羅培茲則認為是強權欺凌弱國的表現。巴西不理會小羅培茲一再警告及最後通牒，於是同年 11 月，巴拉圭與巴西斷交並對巴西宣戰。同時，巴拉圭捕獲一艘巴西軍艦，這艘軍艦正搭載著巴西馬托格羅索省的新任省長坎普士 (Federico Carneiro Campos)。這次劫船事件，正式為三國同盟戰爭揭開序幕。

圖 21：小羅培茲

1864 年底，小羅培茲再次發動軍事行動，成功攻佔巴西馬托格羅索地區，擄獲大批軍火、糧食與軍用物資，這是巴拉圭在三國同盟戰爭中少數獲得勝利的戰役。小羅培茲原本計畫以聲東擊西的方式，讓巴西將部隊調回救援馬托格羅索，停止對烏拉圭的進攻。然而，巴西不但不理會，反而加強攻佔烏拉圭。巴西與烏拉圭紅黨一舉瓦解反對派白黨的勢力後，巴西隨即與佛洛雷斯 (Venancio Flores) 所組成的烏拉圭新政府聯合，一起對抗巴拉圭。

1865 年 1 月，小羅培茲要求借道阿根廷的科連恩特斯省，以便軍隊進入南里奧格蘭德省 (Río Grande do Sul)。阿根廷並未明顯拒絕，小羅培茲便領軍進入並駐紮於科連恩特斯省。他憑藉以往和科連恩特斯省的聯盟經驗，希望獲得該省的支持。不過，該省的支持只是曇花一現。同年 3 月，阿根廷拒絕另一支巴拉圭軍隊借道，但小羅培茲仍執意強行通過。於是 4 月，巴拉圭與阿根廷相互宣戰。小羅培茲的大動作引起阿根廷當局的不滿，在無意間促使阿根廷、巴西和形同傀儡政權的烏拉圭三國，於 1865 年 5 月祕密簽署《三國同盟條約》。條約中三國宣誓要同時投入對巴拉圭的戰爭，擊潰小羅培茲政府，並瓜分其領土。此條約不須同盟國國會批准，一經簽署立即生效。由此可見，此密約的簽署很有可能未獲得各同盟國人民的支持。

二、三國同盟戰爭的經過

其實，巴拉圭並未做好打一場大規模戰爭的準備，但小羅培茲卻一意孤行。面對巴拉圭的挑釁，巴西、阿根廷及烏拉圭三國同盟都想要一舉殲滅巴拉圭的攻勢。《三國同盟條約》中，明訂聯軍的作戰指揮系統、戰後的邊界劃分、解散巴拉圭軍隊及巴拉圭戰敗的賠償等等問題。

巴拉圭的 3 萬名軍隊是當時拉丁美洲最強大的部隊，但是缺乏專業的領導、精良的武器和充足的後勤補給與物資儲備，使得巴拉圭的軍隊雖然人數龐大，實際上只是一個不切實際的幻象。從佛朗西亞統治時期起，部隊中的軍官階層因政治因素而受到忽視，因此缺乏領導與軍官層級的養成，而且相當多的戰鬥單位更是缺乏訓練。另外，巴拉圭缺乏紮實的軍事工業來製造更替戰場上損失的軍事裝備，而且巴西與阿根廷聯合封鎖巴拉圭從國外進口武器。

另外，1865 年巴拉圭的人口大約為 45 萬，其數量遠低於巴西的國家警衛隊，也遠低於三國聯盟 1,100 萬的總人口數，這是一場實力懸殊的戰爭。

自從 1865 年 3 月巴拉圭的 3 萬名部隊進入阿根廷科連恩特斯省到同年 7 月，在三國同盟優勢武力砲轟下，有半數的巴拉圭軍隊遭到殲滅或俘虜。在兵力嚴重不足的情況下，巴拉圭包括 9 歲以上的男童都被徵募上戰場，並強迫婦女從事非軍事的後勤任務。

1865 年 6 月 11 日，為搶奪巴拉那河軍事的控制權，小羅培茲在阿根廷科連恩特斯城附近發動海戰，但遭到巴西海軍擊敗失利。同年 9 月 19 日，巴拉圭遠征軍在巴西的南奧里格蘭德省西部的烏魯圭亞那城 (Uruguayana) 與三國聯軍交鋒，再次挫敗。

1866 年 1 月，同盟軍封鎖通向巴拉圭的各條河道。同年 4 月，阿根廷總統米特雷 (Bartolomé Mitre) 率同盟軍進入巴拉圭西南部，但巴

表 5：1864 年三國聯盟戰爭各國重要指數比較表

	巴拉圭	阿根廷	巴　西	烏拉圭	全三國聯盟
人　　口	**550,000**	**1,910,000**	**11,300,000**	**350,000**	**13,560,000**
一般居民	400,000	1,800,000	9,000,000	330,000	11,130,000
奴　隸	50,000	50,000	2,000,000	10,000	2,060,000
印地安人	100,000	60,000	300,000	10,000	370,000
外貿（英鎊）	**700,000**	**9,800,000**	**24,550,000**	**3,750,000**	**38,100,000**
出　口	420,000	4,200,000	11,350,000	1,800,000	17,350,000
進　口	280,000	5,600,000	13,200,000	1,950,000	20,750,000
牲畜數目（頭）	800,000	12,000,000	14,000,000	3,500,000	29,500,000

拉圭軍隊奮勇抵抗長達兩年。在眾多戰役中，以 1866 年 9 月 22 日庫魯派蒂 (Curupaity) 一役最為著名。狄亞斯上校 (José Eduvigis Díaz) 率領少數士兵，殲滅數千名同盟軍，有效阻止同盟軍的進攻將近一年，這也是巴拉圭少數的勝仗之一。這場戰役造成阿根廷極大的震撼，甚至迫使阿根廷萌生退出同盟軍的想法。此外，由於同盟軍對巴拉圭採軍事封鎖與經濟孤立，所以戰爭拖得越長，對巴拉圭越不利。

1867 年 7 月 17 日，巴西收復馬托格羅索省，切斷了巴拉圭的陸路補給線。小羅培茲撤軍退守巴拉圭南部的烏瑪依塔 (Humaitá) 要塞。同年 8 月 15 日，同盟軍開始對烏瑪依塔進行包圍戰。在長期封鎖下，1868 年 1 月巴西的卡希亞斯侯爵 (Duque de Caxias) 接替米特雷出任同盟軍總司令，並於 2 月以武裝艦隊在巴拉那與巴拉圭河匯流處的烏瑪依塔要塞突破巴拉圭的防線，直逼首都亞松森。小羅培茲不得不再次撤守，以游擊戰方式對抗同盟軍。因為烏瑪依塔建有堅強堡壘，是首都亞松森的屏障，更是盟軍進入巴拉圭的關鍵要塞，所以烏瑪依塔戰役是三國同盟戰爭中，最具決定性的一戰。

雖然戰爭節節敗退，但巴拉圭人民仍狂熱地效忠小羅培茲，英勇作戰直到彈盡糧絕。同盟軍對巴拉圭守軍英勇反抗的情操，均以高度的敬意對待投降的守軍。1868 年底，在巴拉圭軍隊往內陸撤離的過程

圖 22：三國同盟戰爭　巴拉圭迎戰巴西、阿根廷及烏拉圭三方的聯合部隊，戰況慘烈。

中，也發生了多場可歌可泣的戰役。卡巴耶羅 (Bernando Caballero) 將軍在伊托羅羅 (Ytororó) 與阿巴伊戰場上，率領巴拉圭軍隊英勇抵抗巴西軍隊以致全體陣亡，但讓小羅培茲有充裕的時間部署另一場戰役。12 月 17 日，在盟軍的猛烈攻擊下，小羅培茲在 6 天的戰鬥後，再次撤退。但是卻先處決了他的弟弟貝尼諾 (Benigno López)、巴拉希歐斯主教 (Obispo Palacios) 及外交部長貝爾赫斯 (José Berges)。

1869 年 1 月，同盟軍攻佔巴拉圭首都亞松森。小羅培茲在阿蘇庫拉 (Azucurra) 與卡庫貝 (Cacupé) 奇蹟似地重新組成一支約 1 萬 2,000 名的部隊，只是成員盡是老弱婦孺、逃兵和傷兵。面對小羅培茲得以倖存，並持續抵抗，巴西覺得憤怒，決定不顧情理繼續戰爭。而阿根廷和烏拉圭則認為佔領巴國首都後，戰爭已算結束，軍隊紛紛返國，僅留下部分軍隊駐守亞松森。

圖 23：三國同盟戰爭末期，婦女也英勇參戰。

巴西自此瘋狂地作盡種種殘忍不堪的野蠻行徑。1869 年 8 月 12 日，巴西於畢里貝布伊 (Piribebuy) 戰役大獲全勝後，竟不以此滿足，放火焚燒滿是傷患的醫院，還將當地指揮官斬首示眾。8 月 16 日，小羅培茲率領全部由兒童組成的部隊於阿柯斯塔紐 (Acosta Ñu) 對抗巴西軍隊。悲慘的是，兒童無一倖免，全部戰死沙場。因此，巴拉圭便將 8 月 16 日設為兒童節，今日巴拉圭就是以一種特別的情感於此慶祝兒童節。

1870 年 3 月 1 日，巴西軍隊自烏瑪依塔一直追緝小羅培茲至阿基塔班 (Aquidabán) 河岸，最後將小羅培茲擊殺身亡。這場拉丁美洲史上最殘忍的戰爭，最後在小羅培茲「與祖國共存亡」的呼聲中，劃下句點。

三、三國同盟戰爭的影響與戰後重建

1870 年是巴拉圭史上最黑暗的一頁。大戰結束後，巴拉圭在飽受

圖 24：三國同盟戰爭為國捐軀英雄紀念碑

戰爭的摧殘、瘟疫的蔓延、饑荒和因為戰爭所造成的人口銳減下，更顯得滿目瘡痍、殘破不堪。此外，同盟國要求割地，巴拉圭喪失約 10 萬平方公里的領土，以及總額高達 14 億披索的鉅額賠款，但巴拉圭從未支付。上述情況對巴拉圭這個戰敗國家，無疑是雪上加霜，趕盡殺絕。在內憂外患的雙重夾擊下，使得巴拉圭戰後的重建工作更是陷入困境。戰後，國內大半的農民仍維持幾百年來相同的生活方式，並適應條件苛刻的內陸地區維持貧困的生活。

由於巴拉圭男人多戰死沙場，造成戰後男女比例懸殊，使得當時巴拉圭成為一個母權的家庭體系，並且變成一夫多妻制，平均 1 個男人必須負責 10 個女人生育，才能在往後數十年擺脫人口結構嚴重失衡的困境。戰後 50 年，巴拉圭有 85% 以上的小孩是同父異母的私生子。

1869 年，亞松森被聯軍佔領後，巴拉圭政府已由戰勝國直接控制。此外，巴西在同盟軍折損最嚴重，傷亡人數高達 21 萬 5,000 人，花費近 2 億美金。而且，佔領軍以巴西的部隊為主，所以巴西在處理巴拉圭的事務上，自然地比阿根廷握有更多的發言權。由於雙方意見相左，難以協調，使得巴拉圭的問題一直拖延到 1876 年才結束。

在政治上，戰後的權力真空，初期由視小羅培茲為獨裁者而流亡在布宜諾斯艾利斯的「巴拉圭軍團」(Legión Paraguaya) 所填補。他們因為在戰爭期間支持同盟軍，於是在巴西支持下，於 1869 年成立臨時政府。1870 年，臨時政府與同盟軍簽署和平條約，確保巴拉圭的獨立，以及內河的自由航行權。臨時政府並制定新《憲法》，但因其具有民主與自由主義傾向，遭佔領國干涉而未實行。

圖 25：位於亞松森的忠烈祠

在經濟方面，戰後初期幾乎完全停頓，並在相當長的一段時間，各種生產活動都是由婦女負擔。而且，因為戰後時局混亂，以及新政府的貪污腐化，巴拉圭的國家經濟很快就落在外國投機商和投機客手上。英國銀行趁機提供 33 萬英鎊貸款給巴拉圭，而巴拉圭除了拿 30 萬公頃土地抵押外，還需付高額利息。因此，短短 10 年間巴拉圭便債臺高築。

在領土問題上，三國同盟戰爭後，巴西和阿根廷併吞巴拉圭大約 10 萬平方公里的土地。其中，巴西擴大了與巴拉圭為鄰的馬托格羅索省，而阿根廷則佔領貝爾梅霍河 (Río Bermejo) 和皮科馬約河之間的部分查科地區。同盟軍於 1876 年撤離巴拉圭，由於巴西和阿根廷互相猜忌，才使巴拉圭免於喪失更多土地。1878 年，美國總統海耶斯 (Rutherford B. Hayes) 主持的仲裁委員會，否決阿根廷主張擁有綠河 (Río Verde) 到皮科馬約河之間的領土主權。這是戰後巴拉圭首次的外交捷報。但是，同盟軍撤離巴拉圭並不代表巴拉圭不會受到外國勢力的影響。巴西和阿根廷仍然因為與巴拉圭國內兩大勢力的連結，而在當時相當程度地影響巴拉圭的政治發展。兩大勢力就是稍後出現的紅黨 (Partido Colorado) 和自由黨 (Partido Liberal)。

第四章
黨派競爭與查科戰爭

第一節　政黨的形成與競爭

在巴拉圭的政治發展史上，巴西和阿根廷分別支持的兩股勢力對其影響甚鉅。這兩股政治勢力，後來就發展成今天巴拉圭的兩大政黨。巴西支持紅黨，阿根廷則支持自由黨。兩派的競爭始於 1869 年，當時民眾以兩黨黨徽的顏色稱保守黨為紅黨，自由黨為藍黨。1887 年，兩黨先後正式成立，便使得巴拉圭兩大政黨的對立更趨明顯。

紅黨的正式名稱為「國家共和協會」(Asociación Nacional Republicana-Partido Colorado)，是巴拉圭歷史悠久的政黨。該黨成立於 1887 年 9 月 11 日，其前身為曾參加三國同盟戰爭的卡巴耶羅將軍於 1874 年創建的「國家共和黨」(Partido Nacional Republicano)。紅黨代表大地主、大牧場主和大資產階級的利益，而且與美國壟斷資本集團有密切關係。該黨從 1878 年起執政至 1904 年被自由黨推翻，1948 年起該黨再次執政至 2008 年才失去政權。

1887 年 7 月 10 日，前雷吉恩派 (Legión)❶及理想主義的改革派共同組成「民主中心黨」(Centro Democrático)，後來就慢慢被稱為自由黨。

❶雷吉恩派是佛朗西亞時開始流亡於阿根廷，或被流放的異議人士所組成的，其政治傾向反對獨裁並且偏好民主代議制。在三國同盟戰爭中，他們不但未替巴拉圭出錢出力，反而支持巴西、阿根廷及烏拉圭攻打祖國巴拉圭。

自由黨曾於1904年由費雷拉 (Benigno Asunción Ferreira) 帶領推翻紅黨，並執政至1936年。1954～1989年史托斯納爾專制執政時期，自由黨因與執政當局意見相左，遭政府迫害出走。1977年，該政黨改組，更名為「真正激進自由黨」(Patido Liberal Radical Auténtico)，但未獲得當時政府承認，而且該黨的領導人亦常遭執政當局迫害，甚至流亡海外。1989年2月，推翻史托斯納爾專制政權後，自由黨終於取得合法地位，並結合部分友黨成為最大的反對黨，又稱「藍黨」。

事實上，三國同盟戰後的10年間，巴拉圭政局的混亂主要肇因於紅黨與自由黨間激烈的權力鬥爭。兩派在戰後互不相讓，彼此對立爭權。同時，阿根廷與巴西是操控、支持兩派的幕後藏鏡人。紅黨視雷吉恩派為國家叛徒和外國的傀儡，而雷吉恩派則視紅黨為舊制思想和保守迂腐的象徵。當時的政客猶如牆頭草兩面倒，不顧黨派意識形態不同，而純粹以個人利益著想，不斷地在兩派政治勢力之間變換政治立場，投靠對自己有利的一方。

一、自由黨短暫執政

三國同盟戰爭結束後，流亡在布宜諾斯艾利斯的雷吉恩派從繁榮的阿根廷回到巴拉圭，對於祖國貧窮且排外的社會現象感到十分詫異。因此，他們深信給予人民充分行使權力的自由，就能消除國家的種種弊端。1869年，雷吉恩派返國掌權後，積極成立立憲政府，取消奴隸制度，並將國內政治的基本運作立基於普選、新聞及貿易自由的規範上。然而，巴拉圭民眾不信任雷吉恩派所推動的自由普選，因為民眾普遍認為黨派的任何作為都與背後提供他們安全與保護的贊助者勾結。此外，在巴西與阿根廷政治力的介入下，也不願放手讓巴拉圭實行自由政治體制。

另外，由於巴西的阻撓，以及雷吉恩派並沒有熟稔的政治及民主運作的經驗，而且，1870 年《憲法》的實行結果也不符合當時國家的狀況與需要，並導致國內政治發展更衰退、落後，且充滿政黨鬥爭。再者，經由選舉產生的總統依舊獨裁專制，自由普選也從未舉行，所以雷吉恩派所操控的巴拉圭政治，不到 10 年就被反對派所取代。

二、紅黨初掌政權

曾在小羅培茲時期擔任駐歐洲貿易代理人的巴瑞羅 (Cándido Bareiro) 於 1868 年返回巴拉圭，並組織一支保守、以小羅培茲路線為主軸的團體。同時，他也拉攏三國同盟戰爭的卡巴耶羅加入其陣營，以壯大聲勢。1873 年 3 月 22 日，他們劫持一輛從亞松森開往巴拉瓜立的火車，在抵達巴拉瓜立時，佔領該城鎮並發表〈巴拉瓜立聲明〉。為此，巴拉圭總統賀伯亞諾斯 (Salvador Jovellanos) 下令 300 名士兵追捕叛變者，並於 3 月 25 日收復巴拉瓜立，但直到同年 6 月 18 日，政府軍才在亞松森擊敗反叛軍。反叛軍逃到阿根廷的科連恩特斯省，並陸續與政府軍發生多次衝突。最後在阿根廷和巴西的外交調解下，雙方於 1864 年 2 月 16 日簽訂協議。卡巴耶羅同意出任賀伯亞諾斯政府的內政部長，而巴瑞羅則出任外交部長。同時，賀伯亞諾斯同意讓吉爾 (Juan Bautista Gill) 擔任下屆總統。根據協議，1874 年 11 月 25 日，吉爾出任總統。1877 年 4 月 12 日，吉爾總統遭暗殺，卡巴耶羅運用其陸軍總司令身分，讓巴瑞羅在選舉中獲勝並出任總統。但是，巴瑞羅於 1880 年過世，於是卡巴耶羅發動政變奪取政權，在 1880 年至 1886 年擔任巴拉圭總統，並操控巴拉圭政治將近 20 年。

1887 年，卡巴耶羅創立紅黨，讓總統選舉制度化，分配政黨利益，維持巴拉圭政治的穩定，並著手重建國家經濟，使得他的政治地位顯著提升。不過，由於巴拉圭在三國同盟戰爭後，積欠英國大筆債務，

圖 26：卡巴耶羅

以致極為缺乏資金。為籌募資金，紅黨政府大量拋售國有土地給外籍人士。紅黨政客從中獲利，搖身一變成為大地主，並逼迫農民棄耕、遷移，以利變賣土地。到 1900 年，巴拉圭有一半以上的土地掌握在 79 位少數的人手中。

雖然自由黨原先支持紅黨的出售土地政策，但後來因政策不得民心，以及執政黨的貪污引發討伐聲浪，於是自由黨轉而反對此政策，要求舉行自由大選、停止出售國有土地、讓文人領軍及肅清貪瀆。於是，確立兩黨水火不容的對立情勢。但是，當時的政客都以個人利益掛帥，隨情勢依附對其有利的政黨，因而導致兩黨嚴重的派系化。

1891 年，自由黨因為改革要求落空，策動一場反政府暴動。暴動雖然失敗，但是卻造成紅黨黨內奪權政爭。1893 年，戰爭部長埃古斯吉薩 (Juan Bautista Egusquiza)，推翻卡巴耶羅指定的岡薩雷斯 (Juan Gualberto González) 總統，並於 1894～1898 年間執政。由於埃古斯吉薩要求與對立的自由黨分享權力，此舉不但令其紅黨同志驚訝，更導致雙方內部分裂。前雷吉恩派的費雷拉更率領自由黨部分人士，倒戈加入埃古斯吉薩政府。1898 年，埃古斯吉薩辭去總統一職，同意讓文人身分的雅斯巴 (Emilio Aceval) 出任總統。文人執政的舉動遭到自由黨激進派及前總統卡巴耶羅的反對。1902 年，卡巴耶羅策動艾茲古拉 (Juan Antonio Ezcurra) 將軍政變奪權。1904 年 8 月，費雷拉協同文人派、激進派和埃古斯吉薩陣營在阿根廷發動軍事革命，爆發巴拉圭內戰。經歷 4 個月後，1904 年 12 月 12 日，巴拉圭總統艾茲古拉在阿根廷軍艦上簽署《皮科馬約協定》(*Pacto Pilcomayo*)，同意將政權交給自由黨，結束紅黨的執政。

三、1869～1904 年巴拉圭的經濟、教育發展

1869～1904 年間，巴拉圭的私人投資更加多樣化是其經濟發展的特色之一。這段期間，巴拉圭成立醃肉工廠、馬黛茶工廠、製糖廠、酒廠等，並加強海運及鐵路運輸。這些資金來自政府出售國有土地所得及關稅收入。同時，這段時間也是巴拉圭首次開發查科地區的畜牧業，讓巴拉圭變成一個畜牧國家。1880 年代，首次出現外國人經營的大規模農場。1885 年，成立巴拉圭農會 (Sociedad Rural del Paraguay)，首次讓畜牧業者加入行會。這時也首次出現以鐵絲鋼圈圍牧場，以預防因戰後人民普遍貧窮所造成風行一時的偷竊牲畜行為。而且，以鐵絲網圈牧也造成許多鄰近道路遭到封閉，以及禁止隨意穿越私人土地。此外，為了重建牧場，政府授權畜牧業者大量從阿根廷進口種牛。在 1881～1886 年間就進口了 11 萬 3,000 多頭，使得巴拉圭的畜牧業能快速恢復。再者，這段時期，政府也重金禮聘外籍專家，協助巴拉圭農業的研究與發展，使得巴拉圭農產品的出口，獲取大量美元外匯。另

圖 27：畜牧是巴拉圭二十世紀初以來的重要經濟活動

外值得一提的是，雖然這段期間巴拉圭政府更迭頻繁、政治紛亂，但在經濟上各行各業卻有良好的發展。

在教育方面，三國同盟戰爭使得巴拉圭原來就相當脆弱的教育體制，遭到完全的摧毀。原本就稀少的學校幾乎成為廢墟，而且大部分的老師也都死於戰爭。戰後，政府在亞松森及內地成立許多臨時學校。1872 年，賀伯亞諾斯 (Salvador Jovellanos) 政府更下令僱用外籍人士來巴拉圭任教，以補充教育人員之不足，並提升巴拉圭的教育水準。此外，從 1876 年起政府宣布由官方任命督察人員督導公私立學校的教學，由此可見當時政府對教育的重視。1877 年，國立專科學院開始運作，有 52 名公費生，隔年提高為 90 名。另外，政府也在內地成立 71 所學校，並在 1882 年 7 月 12 日成立法律學院，以培養《民法》、《刑法》、《商業法》及《國際法》等專業法學人才。1882 年 3 月 26 日，成立藝術、手工業及農業學院，數月後更成立了醫學院。到 1885 年，政府在內地成立了 102 所小學，學生 1 萬 1,000 多人。而在首都有 12 所公立學校，學生 1,500 多人。而國立學院已經擁有 220 名學生，其中 150 名公費生。教育經費更由 1880 年的 4 萬 8,000 多披索，倍增為 1885 年的 9 萬 9,000 多披索。1888 年 8 月 5 日，政府更啟用一所免費教導成人的學校。在政府努力促進教育發展的同時，許多宗教團體也相繼設立學校，使得巴拉圭的教育水準顯著提升。

四、自由黨再次掌權

1904 年底，自由黨從紅黨手中奪回政權，但巴拉圭政治局勢仍動盪不安。在自由黨執政期間，巴拉圭仍然政治混亂、黨爭不斷、黨閥奪權、並有層出不窮的軍事政變和內戰。這種現象造成巴拉圭經濟發展緩慢，並在其執政的三十多年間，更替了 27 任政府。

1904 年 12 月 19 日，隨著加歐那 (Juan Bautista Gaona) 出任總統，開啟自由黨執政時期。加歐那政府上臺後隨即解除戒嚴，宣布特赦政治犯及召開選舉。此外，自由黨一向反對軍人執政，因此為了擺脫軍人干政，於 1905 年 5 月 20 日成立「陸軍學校」。另外，加歐那政府也制訂《行政組織法》，規範並確立國家行政組織層級。雖然，自由黨傾向民主代議制度，但因無法使理想與現實契合，最終未能有效運作此制度。而且，自由黨過度積極追求實施上述兩項主張，造成政治上紛擾不斷。儘管政治運作不盡理想，但是在經濟發展上卻漸有起色。不論是進出口貿易、工業和國內生產都逐漸成長。在交通建設上，與阿根廷達成鐵路接軌協議，將鐵路延伸至阿根廷首都布宜諾斯艾利斯。

自由黨執政以後，黨內意見分歧，各自擁護的對象也不同，因此黨內鬥爭不斷，最終造成加歐那於 1905 年末遭到解職下臺。國會一致通過任命巴耶斯 (Cecilo Báez) 為新總統，完成加歐那剩下的任期。1906 年 11 月 25 日，費雷拉組成新政府執政。在任期內，費雷拉成立巴拉圭國家銀行，並對玻利維亞企圖佔領巴拉圭查科地區提出正式的抗議。同時，軍方於 1906 年 6 月勘察皮科馬約河地區，這是巴拉圭政府正視查科問題的第一個行動。另外，1906 年 10 月，巴拉圭政府指派杜瓦特 (Manuel J. Duarte) 艦長前往歐洲購買足以武裝萬名兵士的軍火，以及醫療設備、野戰醫院和兩艘戰艦，為戰爭做準備。但因新政府無法有效提振巴拉圭的經濟，因此 1908 年，赫拉 (Albino Jara) 上校帶頭發動持續 3 天的血腥軍事叛亂，解散國會，並推翻費雷拉政府，終結文人在巴拉圭不到 19 個月的執政。

1908 年 7 月 8 日，岡薩雷斯・納維羅 (Emiliano González Navero) 在政變人士的擁護下出任總統，開啟巴拉圭史上最血腥暴力、混亂失序的所謂「激進時代」(Era Radical)，巴拉圭的政治情勢再次陷入混亂。政府殘暴地鎮壓謀反與叛變行動，並不斷迫害、監禁及流放反對派人士。而且，國家的財政面臨窘困拮据的境地，以致在 1908 年因經濟因素，無預期地關閉了醫學院。費雷拉雖因政變下臺，但卻與在野的紅黨在布宜諾斯艾利斯達成謀反協議，但赫拉上校卻成功地鎮壓此次的聯合反動，這使得他的政治地位更加穩固。

1910 年，龔德拉 (Manuel Gondra) 當選總統，但後來因為發表不認同赫拉的言論，於隔年 1911 年遭赫拉所領導的政黨推翻。同年 7 月 5 日，赫拉脅迫無能的國會推舉他為巴拉圭總統。1911 年正值巴拉圭獨立建國 100 週年，但是人民絲毫不覺得這樣的政治氛圍值得紀念慶祝獨立 100 週年。赫拉的獨裁專制使得同黨人士根本無法過問政事，而且他也經常與國會發生衝突，這使得他上任不到 5 個月，就遭軍方流放到布宜諾斯艾利斯。此後，巴拉圭陸續有 3 位總統繼任，巴拉圭政局動盪不安可見一斑。1912 年 5 月 15 日，赫拉在巴拉瓜立的革命起義時，中彈身亡，年僅 35 歲。

赫拉去世後，接任者是巴拉圭史上具有相當名望的史佳雷 (Eduardo Schaerer) 總統，他是自埃古斯吉薩之後，首位執政滿 4 年任期的總統。史佳雷執政時期，組織強而有力的政府，建立了穩定的社會秩序。在他的任期內，正好爆發第一次世界大戰。由於戰爭的爆發以及冷凍技術的發明，讓巴拉圭得以擴大貿易出口量及畜牧產品的產量。

接替史佳雷執政的是佛朗哥 (Manuel Franco) 總統。雖然他身體虛弱，但任內頗多建樹。他頒布一項選舉法案，允許無記名投票和永久選舉登記，這使得兩黨間不必再私下協議，紅黨成員也可以重返國會。他為人正派、樸實，維持巴拉圭內部和平，改善財政並穩定貨幣。此外，他將徵收的土地分配給無地農民。同時，設立藝術及工藝學校。1919 年 6 月 5 日，佛朗哥於任內突然過世，享年 48 歲。次日副總統蒙地羅 (José Pedro Montero) 依法繼承總統，並於 1920 年 8 月 15 日完成任期。他所面對的是歐洲一次大戰後所引發的全球經濟蕭條，因此不得不關閉巴拉圭的畜牧冷凍工廠和金融機構。

1920 年，前總統龔德拉再次贏得總統大選，但是由於無法平息自由黨的內鬥，黨內的激進派分裂為史佳雷派與龔德拉派，導致原本穩定的政局再度陷入紛亂。1921 年 10 月 29 日，在國會的反對下，龔德拉辭去總統職務。後來，分裂的兩派相互妥協，同意由阿雅拉 (Eusebio Ayala) 接任總統，但最終因軍事衝突而破局。1922 年 5 月，陸軍上校

齊理斐 (Adolfo Chirife) 在紅黨的支持下，發動軍事政變擁護史佳雷，因此又引發巴拉圭的內戰。內戰一直延續到 1923 年，齊理斐因肺疾去世才終結。這場內戰是巴拉圭史上最長、最殘忍、代價最慘重的內戰。阿雅拉任內的一切作為幾乎完全被這場內戰所吞沒。

總而言之，史佳雷是巴拉圭史上，最讓人民流血犧牲、傷心落淚的文人總統。而赫拉及齊理斐上校則是當時巴拉圭兩位最可怕、可憎的人物。他們不負責任所挑起的軍事罪行，導致成千上萬巴拉圭家庭失親喪子。此外，他們把原本計畫運用在保護查科地區所購得的武器，用來壓迫、殺害自己的手足同胞，來滿足個人的野心。因此，內戰的終結，可謂結束巴拉圭史上最黑暗、最悲慘的自由黨時代。但是幸運的是，隨著 1924 年另一位阿雅拉 (Eligio Ayala) 總統上任，終於開創巴拉圭充滿建設的年代。

對於龔德拉而言，齊理斐的去世以及派系內的阿雅拉就任總統是一次全面性的勝利。阿雅拉繼任後，雖然內戰已漸緩和，但仍不時有流血的衝突。因此，他一主政就致力尋求國家和平，終於在 1923 年 8 月完全平息內戰。內戰是巴拉圭史上最悲慘、困頓和混亂的年代，導致巴拉圭經濟瀕臨破產、成千上萬人民犧牲寶貴生命。這是一場由自由黨中的激進派和不服從的軍人聯合對抗合法的自由黨政府的戰爭。這些反叛者唯一的利益就是奪取政權，以滿足個人野心。更悲慘的是，玻利維亞利用巴拉圭的內亂，鯨吞蠶食查科地區，到 1923 年底已經佔領查科西部近 15 萬平方公里的廣大土地。1923 年 3 月初，阿雅拉向國會請辭，以便參加隨後的大選。國會於 3 月 17 日任命黎亞特 (Luis Alberto Riart) 為總統，完成阿雅拉留下的法定任期。而這段時期，阿雅拉除了緊鑼密鼓的從事大選活動，更仔細的思考、籌劃如何保衛查科地區。

由於紅黨並未推出候選人，因此阿雅拉順利當選總統，並於 1924 年 8 月 15 日就職。新政府的首要任務就是平衡預算、穩定貨幣，以及和英國的債權人協商。1926 年 5 月 6 日，國會通過與債權人的協議，確定外債總額為111萬英鎊。此外，在1926年6月25日，通過立法，推動國立大學的改革，讓大學在教學及經濟上自主。同年，成立物理及數學科學學院。美國駐亞松森領事館的一份報告指出，1925年巴拉

圖28：阿雅拉

1879年12月4日，阿雅拉(Eligio Ayala)出生於巴拉圭的梅布雅貝(Mbuyapey)市。大學時在法律及社會科學院就讀，1905年12月22日取得律師資格。他曾擔任貧困罪犯的辯護律師、刑事檢察官及民事法庭的一審法官。1908年，當選眾議員，並於1910年4月12日，當選眾議院議長。1911年初，他經由布宜諾斯艾利斯前往歐洲，先後在法國及英國短暫停留，最後在德國及瑞士進修研究。旅歐期間，完成14本著作，但只出版4冊。傑出的作品包括《巴拉圭的移民》(*Migraciones Paraguayas*)、《從歐洲看巴拉圭》(*El Paraguay visto desde Europa*)、《英國的農業發展》(*Evolución agraria en Inglaterra*)等。阿雅拉的人格有如二十世紀版的佛朗西亞。一般認為阿雅拉廉潔、正直，但是他不信任別人，而且相當憤世嫉俗，可說是巴拉圭政壇上的孤鳥。他深具使命感與榮譽感，有能力推動國家大規模的改革。阿雅拉的愛國情操超過個人及支持者的利益。當他去世時，僅留下1間儉樸的住屋、圖書館，和銀行裡1萬1,000披索的存款。他是一位名符其實的政治家，1916年佛朗哥總統力邀他出任財政部長，但他卻以想留在歐洲進修為由婉拒。然而在1920年，他卻同意出任龔德拉總統的財政部長。後來又於1923年再度出任財長。1923年當前總統辭職後，國會任命他為臨時總統。上任後，他致力推動廉潔、儉樸的政府，並大力肅清及打擊偏私及鑽營行為。不過，這也為他樹立了眾多的政敵。

圭經濟有明顯成長。例如穿鞋的人民大幅增加、大量進口火車及機械設備，這顯示民眾的購買力大增及經濟活絡。

總而言之，阿雅拉不論在財政部長或總統任內，建樹良多，令人懷念。他重建國家財政、穩定貨幣、平衡預算、償付內外債務、推動公共建設、重振政府機構、致力國家和平，以及推動文化發展。另外，他任內是佛朗西亞時代以來，國家財政首次盈餘。政府運用此盈餘購買軍火，並派遣軍事將領赴歐洲學習軍事技能，未雨綢繆，為與玻利維亞可能爆發的戰爭，積極準備。另外，在政治上，他促成原來分裂的自由黨重新復合，因此在其 4 年任期內，巴拉圭不曾進入戒嚴狀態。再者，阿雅拉也頒布新選舉法，讓紅黨人士重回巴拉圭政壇，參與 1927 年的國會選舉及隔年的總統大選。

1928 年，古吉雅里 (José Patricio Guggiari) 在大選中勝出，當選巴拉圭總統。古吉雅里執政期間，巴拉圭政治、經濟都穩定發展。他尊重法治與工作自由；審慎管理國有財產、穩定貨幣；促進勞資關係和諧。此外，兩黨在認同遊戲規則下競爭、服膺新聞自由、乾淨的選舉、忠誠反對黨的國會運作，以及獨立的司法體系，造就了國內政治的穩定。1929 年的世界經濟大蕭條雖然波及巴拉圭，但不比其他國家嚴重。

先前，在紅黨統治時期推行的出售國有土地政策，使得巴拉圭一半以上的土地掌握在少數人手中。而自由黨執政時期所鼓吹的自由放任經濟政策，更使得少數的莊園主肆無忌憚地在農村地區實行如封建制度般的統治。農民多淪為沒有自耕地的佃農，而且經濟幾乎完全被外資所操控。內在的人謀不臧，加上外在 1930 年代世界經濟危機的雙重影響下，讓巴拉圭的經濟更加惡化。因此，巴拉圭國內醞釀出民族主義，大力反對自由主義，大幅且急速地改變往後巴拉圭的歷史發展。

第二節　查科戰爭始末

在巴拉圭歷史上，北查科地區除了在三國同盟戰爭後，被巴西和阿根廷瓜分部分地區外，所餘皮科馬約河東岸及巴拉圭河西岸的 26 萬平方公里地區，則由巴拉圭和玻利維亞分別佔有。雖然巴拉圭一向視此地區為印地安人居住的蠻荒地帶，但是玻利維亞與巴拉圭雙方都認為享有北查科地區的主權。三國同盟戰爭後，巴拉圭積極重建國家，但是國內政局飽受政爭、內戰所苦，對外又採取消極的外交策略，使得巴拉圭更加忽視這塊與玻利維亞接壤的土地。在玻利維亞數十年的覬覦下，兩國終於在 1932～1935 年間爆發查科戰爭。

一、查科戰爭的背景

1879 ～1884 年間，巴拉圭西北部的鄰國玻利維亞和祕魯與智利爆發太平洋戰爭 (Guerra del Pacífico)。戰爭肇始於玻利維亞和智利爭奪南太平洋沿岸的阿塔卡馬 (Atacama) 沙漠部分土地的控制權。該地區礦產，特別是硝酸鈉資源豐富。當時玻利維亞與智利曾談判以南緯 24 度為國界，並允許智利分享玻利維亞領土上南緯 23～24 度間礦產資源的出口稅。不過，因為智利已控制玻利維亞沿岸地區的採礦業，玻利維亞擔心該地區將被智利佔領。此外，祕魯也因為多年來與智利不斷爭奪太平洋沿岸的霸權，這與玻利維亞沿岸地區的礦業息息相關，因此也捲入戰爭。戰後，智利兼併了太平洋沿岸爭議的領土，造成玻利維亞從此失去出海口，變成拉丁美洲的內陸國。

戰後，玻利維亞失去太平洋的出海口。為尋求另一出海途徑，擺脫內陸國的處境，因此覬覦巴拉圭的查科地區，企圖佔領並進一步運用皮科馬約河，擴展對巴拉圭河流域的控制權，以通往大西洋。另外，1922 年，美國「標準石油公司」取得在玻利維亞開採和冶煉石油的權利，而且其產品只能經由巴拉圭和巴西才能出口。但是，巴拉圭在阿根廷和英國的支持下，對玻利維亞石油過境徵收高額關稅，並不准玻利維亞鋪設石油管道。後來，標準石油公司探勘查科地區蘊藏大量原油，這使得玻利維亞佔領查科地區的意圖更加明顯。因此，從 1928 年起，兩國之間頻頻發生武裝衝突，而且鄰近國家及美、荷等國也捲入

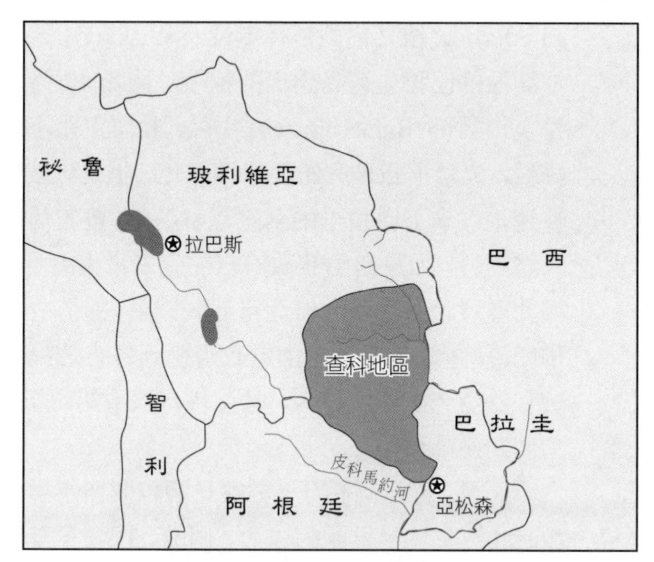

圖 29：巴拉圭和玻利維亞爭奪的查科地區

其中。標準石油公司與智利支持玻利維亞，皇家荷蘭殼牌石油公司和阿根廷則支持巴拉圭。諷刺的是，巴拉圭與玻利維亞在十九世紀下半葉曾是南美洲國家相互爭奪與併吞的兩個最大受害國，在二十世紀上半葉卻為爭奪表面看來一片荒蕪的查科地區，而爆發一場血腥戰爭。

1922～1923 年，當巴拉圭爆發內戰時，玻利維亞已不動聲色地在巴拉圭查科地區建立軍事走廊，並在皮科馬約河岸建立瓜恰亞城 (Guachalla) 及巴以維安城 (Ballivián)。此外，玻利維亞積極向德國購買武器裝備，並聘請德國軍官訓練玻利維亞軍隊，以加強國防及提升戰力。從這些動作來看，玻利維亞早已蠢蠢欲動，為戰爭作萬全的準備且具有必勝的決心。

為此，巴拉圭曾多次警告玻利維亞，但玻國仍繼續朝巴拉圭河推進。1927 年，巴、玻兩國在皮科馬約河岸的索普雷沙 (Sorpresa) 爆發零星戰役，巴拉圭軍事指揮官羅哈斯 (Adolfo Rojas Silva) 戰死沙場。1928 年，玻利維亞軍隊繼續往巴拉圭河推進，並建立先鋒城 (Vanguardia)，之後又佔領莎瑪克萊 (Samaklay)，這使得自由黨統治的巴拉圭遭受極大的挫敗。同年 12 月 5 日，巴拉圭佛朗哥 (Rafael Franco) 少校，私自主張下令進攻先鋒城，成功摧毀玻利維亞軍事基地。但是，玻利維亞也快速地再拿下巴拉圭的兩座軍事基地。雙方都已宣布進入總動員，但是自由黨政府自認尚未準備好進行戰爭，因此羞辱地同意玻利維亞重建先鋒城，並將立下功勞的佛朗哥解職，此舉讓自由黨政府遭到各方的批評。同時，玻利維亞急欲繼續進攻，唯在各方嚴重關切下，才稍加抑制高漲的氣焰。

而且，經過阿根廷、美國及國際聯盟主導的調解會談，並沒有達到具體的成效。同時，巴拉圭陸軍總司令艾斯蒂加里比亞 (José Félix Estigarribia) 下令巴國軍隊在 1931 年對玻國發動攻勢。此外，在「國家獨立聯盟」(Liga Independiente Nacional)❷的煽動、鼓吹下，激情的民族主義情緒持續高漲，為戰爭不斷加溫。1931 年 10 月 23 日，巴拉圭總統府前爆發學運，自由黨的古吉雅里政府下令鎮暴，射殺 11 名支持聯盟的學生，並造成無數人受傷。此事件讓人民失去對政府僅存的信任感，而且，自由黨在支持者心中的形象，也已全然破滅、蕩然無存。雖然古吉雅里表示願意承擔此次悲劇的政治責任，但是國會已不再支持他，並接受他的請辭。8 個月之後，即 1932 年 6 月查科戰爭正式爆發。

❷1928 年，一群巴拉圭知識分子成立「國家獨立聯盟」，其主旨在追求政治與社會重生的新國家面貌，並致力催生巴拉圭形成一個能夠摒除政黨私利與外國干擾的新民主國家。它融合了各種意識形態與利益，而聯盟也反映了民眾對社會變革的真實期望。

二、查科戰爭的爆發

1932 年 6 月 15 日，玻利維亞總統薩拉曼卡 (Daniel Salamanca) 對巴拉圭展開軍事攻擊，查科戰爭正式爆發。玻利維亞指揮官莫斯柯索 (Oscar Moscoso) 揮兵南下，攻佔位於查科地區中部的羅培茲堡 (Fortín Carlos Antonio López) 及查科沙漠地區的皮提安圖塔 (Pitiantuta) 鹽水湖，並在此駐兵 300 人。同年 7 月 15 日，巴拉圭軍隊收復羅培茲堡，但傷亡慘重。雖然，玻利維亞失去羅培茲堡，但反而攻佔了巴拉圭的托雷多 (Toledo)、柯拉雷斯 (Corrales) 及博克龍 (Boquerón) 三個軍事要塞。由於博克龍是巴拉圭重要軍事堡壘，而且距首都亞松森僅數公里之遙，此城失守對亞松森威脅很大。

1932 年 8 月 6 日，鄰近玻利維亞與巴拉圭的阿根廷、巴西、智利及祕魯，盡最後努力，要求兩國放棄戰爭的意圖。同時，位於華盛頓的中立委員會 (Comisión de Neutrales) 也盡力尋求各種外交途徑來阻止雙方的軍事行動，建議雙方停戰，回復 6 月 15 日開戰前的狀況。巴拉圭無條件地接受這項建議，但玻利維亞卻認為應將 1932 年 6 月以後佔領的土地歸其所有。最後協商破局，雙方繼續衝突。

1932 年 8 月 15 日，當查科戰爭如火如荼展開之際，巴國總統古吉雅里正因 1931 年總統府前不當鎮壓被迫下臺，政權由前總統阿雅拉 (Eusebio Ayala) 繼承。雖然，阿雅拉曾是以抱持和平主義聞名的政治人物，但在國家遭受危難時，還是以國家優先，選擇對抗玻利維亞。起初，他任命文人巴斯托爾 (Justo Pastor Benítez) 為戰爭與海軍部長。但是後來擔心文人部長無法領導戰爭，於是重新任命艾斯蒂加里比亞為軍事指揮官，這造就艾斯蒂加里比亞成為巴國的戰爭英雄。

圖 30：巴拉圭查科戰爭的英雄艾斯蒂加里比亞

1932 年 7 月，玻國軍隊攻克博克龍要塞後，初期形勢對巴拉圭相當不利。不過，在同年 9 月 9 日，艾斯蒂加里比亞採用袋形戰術圍堵博克龍要塞，20 天後，玻利維亞守軍終於投降。此後，巴拉圭軍隊氣勢大振，玻利維亞軍隊節節敗退，轉攻納納瓦要塞 (Fortín Nanawa)，雙方激戰數月。對巴國而言，博克龍戰役被視為查科戰爭勝利的轉捩點。因此，巴拉圭便將 9 月 29 日訂為博克龍戰役國定紀念日。

在查科戰爭進行時，尋求和平的調停動作穿梭頻繁。美國曾提出一項和平調停計畫，但此計畫明顯偏袒玻利維亞，因此，巴拉圭審慎地加以拒絕。此外，鄰國阿根廷表面上是持中立政策，而實際上卻私下資助巴拉圭，當時還是陸軍少校，後來擔任阿根廷總統的貝隆 (Juan Domingo Perón) 在巴拉圭西南部擔任祕密協調員，為此，多年後巴拉圭頒贈榮譽將軍頭銜給貝隆。另一方面，智利與巴西則私下協助玻利維亞。

1933 年 2 月，阿根廷與智利提出《門多薩提議案》(*Acta de Mendoza*)，以促進玻、巴兩國和平解決經濟利益上的衝突。巴拉圭接受這項提議，但是卻遭到玻利維亞的否決。當時玻利維亞深信，由德國遠道聘請的指揮官昆特 (Hans Kundt) 一定可以戰勝巴拉圭，因此拒絕此次的協議。但是出乎意料，昆特卻在 2 月底的托雷多戰役中吞下難看的敗仗。

1933 年 3 月 6 日，由於幾經國內外協調均無法達成和平協議，玻利維亞仍執意進犯查科地區，巴拉圭正式向玻利維亞宣戰。而玻利維亞則於同年 6 月對巴拉圭展開全面性進攻。同年 9 月，巴拉圭包圍邦巴格蘭特 (Pampa Grande) 與伯索法芙里托 (Pozo Favorito) 兩處被玻國佔領的要塞。10 月 30 日，艾斯蒂加里比亞指揮巴拉圭軍隊，採取根除玻利維亞軍隊為首要目標的全面軍事反攻，並獲得重大進展。爾後，巴國又在坎伯維亞 (Campo Vía) 告捷，迫使玻國主力部隊於 12 月 11 日投降，這無疑又替巴拉圭打了一劑強心針。

戰事至此，兩國曾短暫休兵 3 週。隔年 1 月，玻國指揮官昆特被解除兵權，改由其他將軍接任。巴拉圭繼續向北推進，頻頻告捷，只有在卡那達史莊赫斯特 (Cañada Strongest) 吃下唯一的敗仗。這次戰役也是巴拉圭指揮官艾斯蒂加里比亞，在輝煌戰史中唯一的敗北紀錄。而玻利維亞由於節節敗北，11 月 17 日，玻國佔領的巴以維安失守，使得玻國總統薩拉曼卡於 11 月 27 日遭到罷黜，由副總統德哈達 (José Luis Tejada) 接任。

1935 年 1 月，巴拉圭大軍突破邊境防線，順利進入玻國境內。當巴國繼續向北推進到查科的荒漠區時，艾斯蒂加里比亞體認到水源的重要性，因此命令部將迦拉伊 (Eugenio Garay) 順利攻克水源地伊倫塔克 (Yrendague)。1935 年 4 月，巴拉圭軍隊再順利向北推進至玻國境內的巴拉比堤河 (Río Parapití)。1935 年 6 月，經過 3 年的苦戰，巴拉圭終於贏得查科戰爭。6 月 12 日，雙方簽訂停戰協定。

三、查科戰爭的影響

事實上，玻利維亞自認在民生、經濟、軍事上都比巴拉圭富裕充足，所以深信很快將贏得勝利。但是，卻輕忽巴拉圭人民捍衛國土的堅強意識。另外，這次戰爭，巴拉圭軍隊利用印地安民族的瓜拉尼語作為通訊的密語，使得玻利維亞無法對巴拉圭進行情報蒐集工作。這個看似無關緊要的小細節，卻造成玻利維亞的挫敗，從此確立瓜拉尼語成為巴拉圭的第二官方語言。

巴拉圭雖然贏得查科戰爭，並佔領北查科大部分地區，但是也付出極大的代價。這場戰役造成雙方約 10 萬人死亡，兩國經濟也幾乎破產，並引起國內的政治動亂。

在查科戰爭期間，巴拉圭施行戰時經濟政策。戰爭對巴拉圭的經濟體系造成嚴重的影響。而且因為浮濫發行貨幣以支付戰爭所需，造成嚴重的通貨膨脹。雖然大量的人力投入戰爭，戰時巴拉圭的農業生產卻沒有減少，甚至比戰前還多。棉花生產，從 1932 年的 1 萬 1,300 公噸增加到 1935 年的 2 萬 900 公噸，成長 85%；稻米從 3,600 公噸增加為 4,300 公噸，成長 19.4%。其他的消費及出口生產也維持很高。而且，

表 6：查科戰爭的支出及財政來源（百萬美元，2003 年美元幣值）

項　目	巴拉圭	玻利維亞
動用預備金	55	60
內部強制貸款	950	2,100
流動債務	140	205
對外借款	60	115
供應商信貸	105	140
外匯徵收	80	145
其他資源（包括私人珠寶捐贈）	40	25
總　額	**1,430**	**2,790**

如同上世紀發生的三國同盟戰爭，巴拉圭婦女再次負擔農耕的重責大任，並以高度的愛國情操，接替正在前線作戰戰士所遺留下來的吃重工作。

此外，1924 年以來，國家行政、金融的健全，以及內部的平和，為面對戰爭的龐大支出奠定了深厚、穩固的基礎。而且，綽號「鋼鎖」的財政部長班克斯 (Benjamín Banks)，在戰爭期間有效地掌管國家財政。因此，戰爭期間，巴拉圭幾乎不需向外借貸。

另一方面，1932 年戰爭剛爆發時，巴拉圭有 92 萬 2,000 人。此次戰爭，巴拉圭動員 15 萬人，約佔總人口的 16%，其中約 1 萬人為後衛部隊，也就是有 14 萬人前往查科戰場。戰爭造成 3 萬 6,000 人死亡，7 萬人受傷。戰爭結束，有 4 萬 6,000 人解甲歸田，只有不到 2,500 人被俘。值得一提的是，成千上萬的巴拉圭婦女在軍隊及後衛部隊中，默默付出，為戰爭作出偉大的貢獻。

1932 年，玻利維亞人口 240 萬是巴拉圭的兩倍半。查科戰爭時，玻利維亞動員 10% 約 24 萬人上戰場。戰爭造成 7 萬人死亡，11 萬人受傷，1 萬名逃兵及 2 萬 7,000 人被俘。戰爭結束後有 5 萬 4,000 人解甲歸國。

第三節　戰後的變局與二月革命

1935 年 6 月查科戰爭結束後，巴拉圭僅留下少數常規部隊戍守前線邊界，有數萬名兵士解甲歸田，而且巴拉圭人民沉醉在一片歡樂的勝利氣氛中。事實上，在歷經戰爭的洗禮之後，黨派意識的區別已經無關緊要。因此，當 1936 年自由黨政府拒絕發給解甲歸田兵士退休金，卻給戰爭指揮官艾斯蒂加里比亞，每年 1,500 披索黃金的退撫金時，造成參與戰爭士兵的嚴重不滿。此外，1928 年被解職的戰爭英雄佛朗哥於 1932 年復職，並成為軍中民族革命領導者的象徵。不過，後來佛朗哥因批評自由黨總統阿雅拉，遭驅逐流亡阿根廷。此事件導致 1936 年 2 月 17 日，一批部隊闖進總統府，阿雅拉被迫下臺，引爆巴拉圭的「二月革命」(Revolución de Febrero)，並結束自由黨長達 32 年的統治。

「二月革命」是一件令人不可思議的歷史事件，因為史上鮮少有人民推翻剛贏得對外戰爭勝利的政府。或許對巴拉圭人民而言，戰爭的勝敗無關誰執政，而是在於民族主義精神的展現。因此，為推動國家與社會的革命，「二月革命黨」(Partido Revolucionario Febrerista)❸敦請流亡海外的戰爭英雄佛朗哥回來並擔任巴拉圭總統。

1936 年 2 月 20 日，佛朗哥就職總統後立刻下令逮捕查科戰爭英雄艾斯蒂加里比亞，同時宣布以嚴肅態度推動社會正義，並將前政府徵收的 20 萬公頃土地發放給一萬戶的農民家庭。此外，還制定《勞工法》，保障勞工罷工權和規定每天固定工時 8 小時。另一方面，基

❸二月革命黨是社會民族主義政黨，也是巴拉圭近代史上查科戰後所產生的政黨之一。黨員主要由農人、工人、學生、專家和知識分子所組成。此黨名稱源於 1936 年的二月革命，直到 1951 年 12 月 11 日才獲准正式成立。

於民族意識，他宣布小羅培茲為「史無前例的民族英雄」。因為在三國同盟戰爭中，小羅培茲是國家英雄，勇敢面對外國種種威脅加諸巴拉圭。同時，佛朗哥還特別派遣一支搜尋隊前往小羅培茲為國捐軀的地方，尋找沒有立碑的小羅培茲墳墓。尋得遺體後，便將小羅培茲與其父羅培茲一起葬在「民族英雄祠」的教堂，並在巴拉圭首都亞松森附近的藍巴雷 (Lambré) 丘陵地上，設立小羅培茲的紀念碑。

儘管民眾熱情地歡呼二月革命的勝利成功，但是佛朗哥新政府卻缺乏明確的施政藍圖。因此，佛朗哥模仿義大利獨裁者墨索里尼，頒布《第 152 號法令》試圖進行極權改造，隨即引發四處討伐的聲浪，並面臨嚴峻的政治考驗。此外，雖然佛朗哥政府內閣由社會主義者、法西斯主義支持者、民族主義分子、紅黨及自由黨的文人等組成，表面上似乎反映了多元化意見；再者，於 1936 年 12 月成立的新政黨「民族革命聯盟」(Unión Nacional Revolucionaria) 也支持佛朗哥政府體制，但是並沒有因此擴大佛朗哥的民意基礎。最終，佛朗哥因無法徵收大部分屬於阿根廷所有的莊園，信守對貧苦平民完成土地分配的承諾，因此很快地失去民眾的支持。另一方面，自由黨在軍中仍擁有相當的影響力與支持度，因此當佛朗哥要求軍隊放棄 1935 年停戰後在查科地區建立的軍事基地後，軍隊於 1937 年 8 月發動政變，政權再度回到自由黨手中。

1938 年 7 月 21 日，正當國內政治紛亂之際，巴拉圭和玻利維亞簽訂《查科和平條約》，終於解決長久以來紛爭不斷的查科邊界問題。雖然巴拉圭未能如願以巴拉比堤河為界，但是仍從玻國手中取得相當多的新領土。此外，雖然巴拉圭表明查科戰爭非該國挑起，但為避免再次引起爭端和防範未來可能產生的復仇性戰爭，決定將巴拉圭河到尼格拉河港北端數平方公里的土地及巴拉比堤河讓予玻利維亞，以建立兩國互信機制。

1939 年 8 月 15 日，自由黨推舉查科戰爭英雄艾斯蒂加里比亞為新任總統，以維繫政權。1940 年 2 月，艾斯蒂加里比亞為避免朝野爭

圖 31：巴拉圭簽署「查科和平條約」

端和政局混亂，宣布暫時執行專政，直到產生一部可運作的新《憲法》後才停止。因此，他繼續推動土地改革、重新開設大學，並草擬公共建設計畫。同年 8 月，公民投票通過艾斯蒂加里比亞提出的新憲草案。此《憲法》一直執行至 1967 年。1940 年的《憲法》打造一個強權總統，而且行政部門藉此大幅擴大權限，無疑地此《憲法》讓艾斯蒂加里比亞的獨裁形同合法。

第四節　墨里尼戈的獨裁統治與內戰

1940 年 9 月 7 日，艾斯蒂加里比亞總統與夫人在飛航意外中雙雙不幸罹難，所謂的「新自由黨時代」意外劃下句點。雖然艾斯蒂加里比亞生前一再拒絕，但其遇難後，巴拉圭政府仍然追贈這位戰爭英雄上將官階。為了尋找順從軍方人士接管政府，自由黨人士任命艾斯蒂加里比亞總統時期的戰爭部長墨里尼戈 (Higinio Moríñigo) 繼任總統，並統治至 1948 年 6 月 3 日。

一、墨里尼戈政府

在佛朗哥總統時期，墨里尼戈因曾率領搜尋隊前往西羅科納尋獲小羅培茲遺體而聲名大噪。原本是面帶笑容並具有人氣的墨里尼戈，在就任總統後隨即表現出具有強烈自我主張、精明幹練的政治人物。墨里尼戈是一位嚴酷無情的社會主義者，他迫害自由黨人士，卻對紅黨人士予以獎賞。稍後自由黨也懊悔，挑選出該黨無法掌控的新總統，並創造出另一位獨裁者，最後並讓自由黨再次失去政權。自此，紅黨接手巴拉圭政府到 2006 年，成為全球在位最久的執政黨。

墨里尼戈繼承了艾斯蒂加里比亞的專政，他很快查禁二月革命黨與自由黨，並壓制表達自由與其他個人權利。墨里尼戈是一位沒有政黨及支持者奧援的獨裁者，但卻在巴拉圭掌權 8 年。執政期間，他有效制止多次預謀推翻他的行動。因為他在年輕軍官中深具影響力，而且這些中低階軍官又掌握了重要的職務。因此，墨里尼戈統治時期是巴拉圭一向以黨派競爭為常態的政治歷史中，較為獨特的例子。

墨里尼戈執政時期正逢第二次世界大戰，因為戰爭所帶來的物資需求，使得巴拉圭肉品、穀物和棉花等出口產品需求不斷增加，大大提高國家的出口獲利。同時，由於當時美國對拉丁美洲的經濟援助政策，使得巴拉圭也獲得一定程度的經濟援助，有效促進巴拉圭的經濟發展。

二次大戰期間，南美洲深受德國影響，而且阿根廷出現多個親納粹政府，使得美國相當憂心，

圖 32：1940 年代具有強烈自我主張、精明幹練的獨裁者墨里尼戈

試圖讓巴拉圭擺脫德國與阿根廷的拉攏，避免納粹勢力伺機在南美洲發展與擴大。基於這樣的戰略目標，美國透過《租借法案》，提供巴拉圭相當數量的資金和物資，以及農業與衛生上的技術援助，並鼓勵巴拉圭興建鐵路與巴西接軌，同時提供資金建造接巴西的公路，以降低巴拉圭對阿根廷的依賴。

事實上，長期以來，德國的情治特工早已透過德國僑界、教堂、醫院、農會合作社、青年團體及慈善機構，成功地將納粹思想深植於巴拉圭；而且，南美洲第一個納粹政黨早在 1931 年便於巴拉圭成立。此外，墨里尼戈反對與德國斷絕經濟和外交關係，此態度引起美國極大不滿。1941 年，墨里尼戈不但在巴拉圭官方報紙《國家報》公開表示親納粹軸心國的立場，並且還嚴加監控親同盟國的工會組織。1941 年珍珠港事件，及德國對美國宣戰，迫使美國急切希望墨里尼戈承諾支持同盟國，於是 1942 年墨里尼戈正式與德國斷交，但直到 1945 年 2 月歐洲戰事結束，才對德國宣戰。此外，戰爭期間，墨里尼戈依然與深受德國影響的阿根廷軍方維持密切關係，並提供軸心國家特務與間諜的庇護。

二、政變與內戰

第二次世界大戰結束，同盟國獲勝，使得墨里尼戈嘗試推動政治自由化。他放寬對意見表達的限制，允許流亡人士返國組成聯合政府。之後，他與紅黨激進派和紅黨民兵團體「紅旗軍」(Reunión Rojo) 的聯合，激起自由黨的反對。最後導致 1946 年對墨里尼戈失敗的政變和 1947 年大規模的內戰。這場內戰使得巴拉圭再次遭受破壞，政局再度陷入混亂的局面。

1947 年 8 月，巴拉圭內戰結束，政權又重返紅黨手中。但是，紅黨內部卻分裂為兩個對立派系，其中紅黨激進派是由民族主義的左派作家岡薩雷斯 (Natalicio González) 所領導，反對推行民主制度；另一派溫和的民主派則由查維斯 (Federcio Chávez) 領導，主張自由選舉並與其他政黨分享權力。

1948 年 6 月 3 日，紅黨黨員罷免墨里尼戈。岡薩雷斯雖然成為紅黨的總統候選人，但是最後卻成為黨內陰謀奪權的犧牲者，1949 年與墨里尼戈一起流亡海外。1950 年，巴拉圭的政權從軍方交還給紅黨的民主派，由查維斯繼任總統。查維斯上任後，巴拉圭的政治運作再度重回正軌。

1947 年內戰期間，史托斯納爾因成功鎮壓反叛者有功，之後又與紅黨人士從墨里尼戈手中奪取政權，使得他在紅黨內擁有無可比擬的權力，這也逐漸開啟他在巴拉圭長達 35 年的威權統治。

總而言之，查科戰爭點燃二月革命的火焰，造成自由黨的下臺，以及以獨裁統治為手段的民族主義的復辟，而最後的結果則是產生了行政權獨大的 1940 年《憲法》。此外，雖然短暫推行民主運作，二次大戰後爆發的內戰讓紅黨再次掌權。同時，軍方戲劇性地擴大在政治舞臺上的影響力。查科戰爭以後，巴拉圭沒有一個政府能在沒有軍方的支持下掌握政權。墨里尼戈統治期間，嚴格限制個人自由，且因壓制政黨而造成權力的真空。當他試圖將權力移轉給紅黨時，黨內又因分裂而不得不依附軍方的支持獲取政權。一黨獨大的政治體制以及軍方成為政治發展的仲裁者，這造成巴拉圭未來一段黑暗的統治期，也就是長達 35 年的史托斯納爾威權統治。

Paraguay

第 III 篇
當代的巴拉圭

第五章
史托斯納爾獨攬大權時代

第一節　二次世界大戰後的巴拉圭

一、巴拉圭政治、經濟與社會情勢

1935 年查科戰爭結束後，巴拉圭政府重組以便進行一系列的經濟及社會改革。首先，藉由 1940 年通過的新《憲法》，授權政府調整經濟活動，並開始建立堅強穩固的中央集權體制。1945 年 2 月 7 日，巴拉圭向德國及日本宣戰。二次大戰後，巴拉圭順理成章成為聯合國的創始會員國。

雖然如此，到二次大戰末期，巴拉圭的經濟及社會發展存在四大現象。首先是巴拉圭的內部市場積弱不振，而且無法開拓對外貿易；其次，巴拉圭的對外貿易主要依賴馬黛茶及木材等的生產與開採，而這些產業卻大多掌控在外資手中；第三，存在一些不利的情勢，限制了巴拉圭推動及鞏固工業發展的可能性；最後，巴拉圭民眾的不斷移民也深刻影響其經濟和社會發展。自從巴拉圭獨立後，許多民眾將在巴拉圭境內的移民及對阿根廷等國家的境外移民，視為他們在困頓中求生存的主要手段。

在國際上，二次大戰的終結，以及巴拉圭內部的大規模遷徙，強化了巴拉圭民主的發展。這種國內外的新情勢，迫使墨里尼戈獨裁政府解散極右派、親納粹的軍人領導核心，並成立一個由二月革命人士、紅黨及軍人組成的聯合政府。不過，初期各派人士對民主的看法南轅北轍。墨里尼戈認為民主開放有利於他繼續掌權。然而，二月革命人士因為擁有軍方的強力支持，企圖藉此逼迫墨里尼戈下野，以加速巴拉圭的民主進程。

面對此情勢，紅黨分裂成兩個對立的派系。首先，以查維斯為首的溫和民主派或稱查維斯派，深受二次世界大戰法西斯挫敗的影響，積極參與巴拉圭民主深化的進程，主張自由選舉，並與其他政黨分享權力；另外，民族主義作家岡薩雷斯所領導的激進紅旗軍派，組成類似義大利的「黑衫軍」，支持墨里尼戈獨裁政權，反對推行民主制度。同時，在墨里尼戈時代最遭受鎮壓的巴拉圭共產黨，首次合法化並致力尋求所有反對勢力的團結，以防止新獨裁勢力的產生。另外，自由黨也致力於巴拉圭民主化的進程。雖然是當時的最大黨，但有感於墨里尼戈政府對民主的態度曖昧，並未加入聯合政府。

然而，好不容易萌芽的民主政府，並未促成各競爭黨派之間的諒解與共識。各黨派反而致力尋求軍方的支持來強化自己的勢力，因此透過軍方的介入獲得政權便成為巴拉圭各政黨慣用的伎倆。1947 年 1 月，軍人不願再淪為奪權的工具，極力想單獨執政。因此，號召成立制憲大會，草擬新憲以便之後依此舉行大選。此時，墨里尼戈擔心失去政權，遂聯合紅黨發動自我政變，終止民主進程，並在紅旗軍派的支持下，追捕政治及社會異議人士。面對此不利情勢，二月革命黨聯合自由黨及一群年輕軍官叛變，導致爆發血腥的 1947 年巴拉圭內戰，年輕軍官宣稱此舉旨在挽回軍隊的尊嚴及榮耀。

二、1947 年內戰與戰後情勢

由佛朗哥領導的反墨里尼戈陣營由二月革命黨、自由黨等黨派組成，但是各路人馬的聯合只是為了推翻墨里尼戈。墨里尼戈則透過紅黨協助以壓制反墨氏聯盟。然而，其中真正保住墨氏政權的是砲兵團中校團長史托斯納爾。當首都亞松森的海軍基地發生叛變並佔領具戰略價值的工業區時，史托斯納爾的砲兵部隊迅速將該區化為瓦礫並平息叛變。此外，當叛變的海軍艦艇從阿根廷溯河而上，威脅轟炸亞松森迫使墨里尼戈投降時，史托斯納爾的砲兵部隊再度與反叛的海軍爆發猛烈戰鬥，並成功敉平叛變。

1947 年 8 月內戰結束後，在政治上，藉著戰爭的爆發肅清了紅黨以外的各黨派；此外，鑒於 75% 的軍隊成員曾加入反叛陣營，軍隊被迫縮減數量，進行重整，同時召回曾參與查科戰爭並已退役的軍人回營。此舉加速紅黨與軍隊的團結，並讓 1904 年就遠離政權的紅黨完全掌控巴拉圭。換句話說，當時至 2008 年前，少有政黨或個人能與紅黨匹敵而競逐政權、爭奪大位。

此外，1947 年內戰結束後，社會瀰漫著恐怖氣氛，使得大多數民眾對於巴拉圭的民主發展噤若寒蟬。巴拉圭史上，很少像在這樣的戰爭中或戰後，如此殘暴地追捕戰敗的軍人以及所有不認同紅黨理念的廣大社會大眾。當時紅黨的口號「不是同志便是敵人」，明顯地揭露對異議分子不能容忍的程度。漫天鋪蓋的暴力使得查科戰後 1/3 的巴拉圭民眾被迫無奈地遠走他鄉。

之後，隨著墨里尼戈讓位，岡薩雷斯仗著紅旗軍的勢力要脅民主派人士，終於獲得紅黨黨內總統候選人的提名。一如往常，岡薩雷斯在無對手挑戰下順利當選總統。但是，因為懷疑墨里尼戈不會輕易將政權移交岡薩雷斯，紅黨及史托斯納爾的軍方人士從墨里尼戈手中成功奪權。這使得岡薩雷斯因此成為紅黨內陰謀奪權的犧牲者，於 1949 年與墨里尼戈一同流亡海外。1950 年，軍方將政權交給紅黨的民主派，由查維斯出任總統。

總之，二次大戰後所爆發的巴拉圭內戰，讓多年來遠離政治核心的紅黨重掌巴拉圭政權。同時，軍方也利用此情勢，戲劇性地擴大它在政治舞臺上的影響力。事實上，查科戰爭結束以後，巴拉圭沒有一個政府能在沒有軍方的支持下掌權。此外，墨里尼戈統治期間因嚴格限制個人自由，又大力壓制政黨發展而造成權力上的真空。因此，當他試圖將權力移轉給紅黨時，黨內又因分裂而不得不依附軍方的支持以奪取政權。紅黨一黨獨大並與軍方聯合，使它成為巴拉圭政治發展的仲裁者，這有利於史托斯納爾將軍長達 35 年威權、黑暗的統治時期。

此外，紅黨重新掌權後，變成一個貪婪、殘忍與無情的白色恐怖政黨。它利用冷酷、野蠻和殘忍的各種手段，迫害不屈從於其命令與強權的政黨與民眾。紅黨黨員出任政府機關的所有大小職務，國家機器已變成服務紅黨的私人工具。而且，紅黨也支配著國家財政，毫無限制且不受約束地任意將公款挪做各種用途。雖然社會上也出現抗議聲音，但卻遭到鎮壓而平息下來。事實上，在 35 年期間，紅黨運用民粹及法西斯主義的意識形態，無情地緊抓權力不放，並成功且巧妙地避開各種社會衝突。

在這種情況下，巴拉圭一大部分的人口因政治迫害而流失，紛紛流亡到鄰近國家尋求庇護。國內重要的人口成員相繼離鄉背井，成為鄰國阿根廷相當重要的社會成員，並成為當地文化與職場上的一股新興力量。

第二節　史托斯納爾時代的來臨（1954～1989 年）

1947 年內戰結束後，最明顯的政治效應是不僅不能容忍反對勢力的存在，也不能容忍黨內不同的聲音。在剷除外在的敵人後，紅黨悄悄地開啟了激烈的內鬥，而且軍人與文人勾結的政變層出不窮。在 1948～1949 年短短的一年多時間，巴拉圭就更換了 6 位總統。此外，由於紅黨內部分裂，因此它無法利用 1947 年在內戰中獲勝，進一步將軍人納入文人的統治。最後，軍人透過史托斯納爾，再次戰勝並掌控紅黨。

1954 年 5 月 3 日，查維斯總統更換軍中高級將領，史托斯納爾抱怨總統未任命他為總司令。5 月 4 日，在紅黨部分人士的支持下，史托斯納爾發動政變。首先，史托斯納爾率兵擊退第一軍的騎兵團司令費雷拉 (Néstor Ferreira) 上校。該騎兵團擁有最強大的火力及近 3 千名官兵，並且極為效忠查維斯總統。從 5 月 3 日至 8 日，政治危機持續惡化。史托斯納爾運用紅黨重要領袖孟德士・佛烈伊塔斯 (Epifanio Méndez Fleitas)，希望紅黨所組成的政府委員會接受目前的新情勢，並讓他的政變合法化，史托斯納爾順利達成目的。在國民議會任命羅梅洛・佩雷拉 (Tomás Romero Pereira) 為臨時總統後，1954 年 7 月 11 日的總統大選中，史托斯納爾以唯一的候選人當選總統，正式開啟史托斯納爾時代的來臨，並強化 1947 年內戰以來所形成的文人與軍人合作的結構。

一、1954 年政變及政權的穩固（1954～1960 年）

1955 年 10 月 27 日，召開紅黨黨員大會試圖團結紅黨各個部門來鞏固這個剛誕生的史托斯納爾政權。而促成紅黨內部團結的外部因素為 1955 年 9 月阿根廷的貝隆 (Juan Domingo Perón) 總統遭罷黜，巴拉圭給他政治庇護❶。然而此舉卻破壞了巴拉圭與阿根廷間的關係。史托斯納爾政權遭受來自阿根廷、烏拉圭及巴西媒體的強烈抨擊。阿根廷政權的更迭，讓史托斯納爾政權相當憂心，因為在巴拉圭內部，反對派正在進行綿密的

❶ 1955 年 9 月 15 日，阿根廷的天主教會、保守人士、中產階級以及廣大的軍方人士組成聯盟，並由羅納迪 (Eduardo Lonardi) 領導一項軍事叛變。阿根廷總統府玫瑰宮遭到海軍艦艇的砲轟，而哥多華省 (Córdoba) 也出現叛變。為此，貝隆宣布辭職，由羅納迪接任總統。貝隆順利逃到一艘停靠在布宜諾斯艾利斯船塢等待修復的巴拉圭砲艇避難。巴拉圭政府立刻給予貝隆政治庇護。10 月 2 日，在阿根廷政府的默許下，貝隆搭乘巴拉圭飛機抵達亞松森。

反政府行動。

在這樣的氛圍以及紅黨各主要部門的支持下，成立所謂的支持委員會以持續黨內的併整過程。不過這項黨內整合的協議只維持不到兩個月，當時孟德士開始一連串的肅清行動，以排除史托斯納爾的潛在敵手。孟德士與貝隆交往密切，因此阿根廷日益向巴拉圭施壓，最後迫使貝隆不得不在 1955 年 11 月 2 日轉往巴拿馬尋求庇護。

雖然阿根廷貝隆政府的垮臺，讓史托斯納爾暫時得以擺脫紅黨內部最受歡迎的孟德士派的挾持。但是，因為孟德士與軍方高層交好且獲得支持，因此史托斯納爾仍暫時隱忍，按兵不動。然而在 1955 年 12 月 4 日，史托斯納爾終於向孟德士開刀，要求其辭卸中央銀行行長的職務，這是史托斯納爾執政初期，鞏固政權的最重要行動，但是卻遭到孟德士悍然拒絕。為此，史托斯納爾主導一項行動，推翻騎兵團司令甘迪亞 (Virgilio Candia)，他是孟德士最主要的後盾。後臺既已瓦解，孟德士不得不辭去行長一職。

自此，史托斯納爾的軍事與政治權力更加穩固，而且整個巴拉圭社會也都完全臣服在他的領導之下。不過，在 1956～1966 年擔任內政部長的殷斯凡 (Edgan Insfrán) 卻是唯一不受控制、能自由運作的人物。此外，1956 年 3 月 4 日在亞松森市立歌劇院召開的紅黨黨員大會，紅黨的領導階層仍然充斥前朝查維斯派的人物，剛在巴拉圭政壇嶄露頭角的史托斯納爾派仍居少數。

另一方面，史托斯納爾政府也開始有系統地裂解巴拉圭的工會運動。首先，他藉由和當時最強而有力的巴拉圭勞工聯合會 (Confederación Paraguaya de Trabajadores) 的主要工會領袖建立聯盟，讓這些工會領袖歸附於紅黨並為政府所用。這些目的達成後，史托斯納爾政府就使用傳統的迫害方式，輕而易舉地剷除工會內異議的領袖分子。然而將工會紅黨化卻是利弊參半。由於工會領袖都由政府挑選，深受政府的控制與影響，最終造成獨立派工會的產生，例如，銀行勞工聯合會 (Federación de Trabajadores Bancarios) 以及巴拉圭記者工會

圖 33：史托斯納爾

1912 年 11 月 3 日出生於巴拉圭的恩卡納西翁城。其父為德國移民，母親為巴拉圭人。他在出生地完成小學教育，1949 年與莫拉德爾嘉多 (Eligia Mora Delgado) 結為連理，育有 2 男 1 女。

1929 年中學尚未畢業即進入軍校就讀，1932 年曾參加查科戰爭中著名的博克龍戰役。戰爭結束後因戰功被授予「查科十字勳章」及「保衛者勳章」並晉升為上尉。1940 年進入巴西軍校研習，隔年返國晉升為少校。隨後因表現出眾，被選送至戰爭學院研習，1945 年獲得高級軍事文憑，隨即晉升為中校。1947 年曾參與並成功推翻墨里尼戈總統的軍事政變。1948 年晉升為參謀本部上校並出任司令。然而，1948 年下半年到 1949 年初，由於參與一項失敗的政變遭到追捕，被迫放棄司令一職並逃至巴西大使館要求庇護。1949 年 8 月復職並晉升為將軍。1950 年出任陸軍砲兵指揮官，一年後出任陸軍總司令。1954 年，史托斯納爾推翻當時的查維斯總統，並在稍後的選舉以唯一候選人當選總統。從 1954～1989 年長達 35 年的統治期間，他利用紅黨及軍隊的全力支持，完全掌控巴拉圭，並以武力脅迫取消反對黨及新聞自由。在他執政期間，拉美其他國家被推翻的獨裁者以及德國前納粹政黨的人物都到巴拉圭尋求庇護。執政期間，他雖然大力支持大地主及從事國際貿易的大商人，但是他也善用外國援助，以穩定貨幣、降低通貨膨脹，並廣設學校、道路、醫院及水力發電廠，促進國家的發展。他上臺後，先在 1967 年頒布新《憲法》，後又於 1977 年修憲，讓他能合憲合法持續執政。1989 年，羅德里格斯將軍領導的軍事政變，推翻史托斯納爾長達 35 年的執政，史托斯納爾被迫流亡海外。

史托斯納爾長得高大魁武且外表和善。他體力充沛，執政期間將此發揮到極點。他每天凌晨時分便起床，因此凌晨四時許常見他在首都亞松森及各軍營巡視。他常在這個時候或更早的時間召喚他的主要幕僚商議大計。與大部分不守時、浪費時間的拉美人不同，史托斯納爾是一個非常守時的人，在35年執政期間，主持任何官方活動從未遲到。此外，史托斯納爾非常重視與朋友的情誼。他對別人常抱持善意與關心，並對曾在他落難時幫助他的人永遠銘記在心。同時，他也永遠不會原諒那些背叛他的人。此外，他也深刻記住曾遭受的傷害與不公。他從未對任何人大聲斥責，因此他贏得許多人，甚至政敵的尊敬。

史托斯納爾總是輕聲說話，而且不疾不徐並牢記自己曾說過的話。他善於掌控自己的個性，令許多人稱羨。在國際會議中，他比其他同僚顯得出眾不凡。他不動聲色、嚴肅以及不可取代的神色，讓人覺得他完全掌控全局。即使在最困難的時候，他都善於控制自己的情緒。他的目光銳利令人難忘。雖然位居一國元首能奢華過日子，但他的生活簡樸，甚至有些刻苦。此外，他總是以謙卑自持，從不坐豪華轎車，也不喜歡任何幕僚展現奢華。同時，他的住家非常儉樸，夏天時也只使用很普遍的電扇驅熱。釣魚跟下棋是他最大的嗜好。這兩項嗜好都非常需要耐性，他在面對敵手和重大事件時都善於運用這項特質。

(Sindicato de Periodista del Paraguay)，同時也造成中央工會與紅黨完全掌控的巴拉圭勞工聯合會分道揚鑣。

在這段政權鞏固的過程中，所有的反對黨都遭到查禁，戒嚴持續進行。為了強化戒嚴功效，1955年10月17日，國會通過294號《保衛民主》法令。這項法令在全球冷戰反共的氛圍以及國家安全理論的大旗幟下，發揮得淋漓盡致。這段時間雖然曾出現一些社會及政治上的反抗，但都無礙於史托斯納爾政權的進一步鞏固。

1956～1959年間，曾有多次反對派意圖奪取政權的行動。1956年11月4日，政府有效鎮壓自由派的謀反。此後，史托斯納爾政府透過精心策劃的政治手段，將一些反對人士流放海外，或任命他們到偏遠國家擔任大使，以免他們在國內興風作浪，反對政府。因此，巴拉圭國內局勢逐漸穩定。此外，紅黨內非史托斯納爾派人士也逐漸被邊緣化。再者，1958 年大選，史托斯納爾再度當選，開啟另一個 5 年任期。而且，史托斯納爾也逐步改組紅黨並任命只對他個人負責的黨內領導人物，在巴拉圭黨、政、軍大權一把抓。

二、政權進一步合法化（1961～1980 年）

1. 史托斯納爾獨攬大權

這是史托斯納爾執政三十多年中最輝煌的時期。其政權的合法性主要來自不斷接納反對派人士加入巴拉圭政治體系的運作，而且來自國外的施壓力量逐漸減少。在經濟方面，史托斯納爾政府從事重要基礎建設、興建伊塔普水力發電廠並分配公有土地給無地農民，以減輕來自農村地區的不滿與壓力。然而這穩定的局面，卻偶爾會受到天主教會、1960 年代的學生運動，以及要求自治區的農民組織等運動或團體的干擾。1974 年 4 月破獲稱為「三月一日組織」的游擊隊活動，有許多學生及農民領袖慘遭殺害，一時間，首都亞松森瀰漫風聲鶴唳的恐怖氛圍。此外，1974 年 11 月，警方破獲一個反對史托斯納爾的祕密組織，政府並藉此機會展開大規模鎮壓活動，影響到許多社會階層。1975 年 2 月，史托斯納爾政府開始追捕農民組織人士。之後，又對共產黨展開新一波的鎮壓活動，有許多異議分子或領袖遭拷問或殺害。

在此時期，巴拉圭中央集權不斷地延伸與擴大。國家權力的重心完全集中在史托斯納爾將軍一個人身上，並企圖吸收所有較具獨立性的社會組織和團體，以架空多元的政治活動。紅黨黨內軍人與文人達成協議成為史托斯納爾政權最重要的支柱，使得紅黨儼然成為分配肥缺與特權的機器。總而言之，紅黨在掌權後，變成一個貪婪、殘忍與無情的白色恐怖政黨，並運用冷酷、野蠻的手段，迫害不屈從於其命令的反對派人士。而且，所有政府機關的職務全部由該黨成員擔任，國家機器成為服務紅黨的私人工具。此外，紅黨也支配著國家的財政，毫無限制且不受控制地任意挪用公款。儘管紅黨內部發生各種衝突，但很快地就被克服；社會上同樣出現各種反對聲浪，但最終還是遭到平息。紅黨總是運用民粹與法西斯主義的意識形態巧妙地避開各種衝突，牢牢地抓住權力不放。

綜觀巴拉圭此時期的政治運作，約略可歸納為下列幾種現象。首先，史托斯納爾的傳統獨裁政權建構在紅黨、軍隊及政府三方勢力的平衡與共識上，三方面都沒有喪失其相對的自主權；其次，在此三方勢力平衡上，總攬黨政軍大權的史托斯納爾負責下達主要的政治措施及相關規定；第三，紅黨成為國家利益分配的主要機關；最後，軍隊領袖是黨政利益分配的主要受益者，透過此機制讓軍事領袖不要干預政治。

1967 年，史托斯納爾再度修憲以便讓他在 1968 年競選連任。為此，他與自由派協商，並於 1967 年初批准激進自由黨合法化。此外，在 1966 年底解除內政部長殷斯凡的職務。殷斯凡負責建構史托斯納爾政權的鎮壓系統，其政治分量曾一度威脅、挑戰到史托斯納爾。鎮壓魔手殷斯凡的去職，讓史托斯納爾政權更具合法性。

1960 年代，史托斯納爾政權成功地讓主要黨派參與政治運作後，各方爭論的焦點集中在農民及學生等民間社會組織上。為了履行對窮人新的承諾，天主教會在全國各地鼓舞成立許多農民組織，並在稍後促成建立最重要的民眾組織「基督教農業聯盟」(Ligas Agrarias Cristianas) 以及深刻影響各級學校學生的「大學獨立運動」(Movimiento Universitario Independiente)。這兩個組織都致力對抗史托斯納爾的獨裁政權。不過，這些運動都完全遭到鎮壓，而 1968 ～ 1973 年也正是天主教會與國家權力機構衝突最激烈的時刻。自從天主教會不再支持政府，雙方的衝突與對立應運而生。事實上，天主教會也是執政黨紅黨以外，組織遍布全國的唯一機構。它在全國各村落及教區舉行成千上萬的天主教活動，而且也在全國各地成立無數從小學到大學的各級學校，影響力不容小覷。

另一方面，整個國際大環境也相當有利於史托斯納爾政權的維護與鞏固。事實上，史托斯納爾政權是典型的冷戰產物。當時國際環境有利於這個高舉反共大旗的獨裁政權的生存與發展。而且巴拉圭的周邊國家巴西及阿根廷也分別從 1964 及 1966 年起建立軍人政權。在整個冷戰的氛圍下，反共的軍人政權成為南美各國的王道。甚至在 1965 年，史托斯納爾還曾派軍隊遠赴加勒比海，協助美國干預多明尼加。

2. 推動各項建設與發展

雖然巴拉圭不是具有重要戰略地位的國家，但在 1960 年代初期，它卻是拉美國家中，接受美援第三位的國家。

1954～1960 年代間，美國對巴拉圭的經濟援助總值達 2,420 萬美元，包含借貸，平均每年約 400 萬美元。當時巴拉圭的年度總預算為 2,100 萬美元，可見美國的經援為數可觀。而 1961～1980 年間，美國的援助高達約 1 億 8,700 萬美元，其中有 1/3 無須償還。當時美國的經濟、金融、技術及軍事援助，佔巴拉圭國內生產毛額的 4.9%，比美國援助巴西、智利以及尼加拉瓜的比率都還高。

此外，1970 年代是史托斯納爾政權推動巴拉圭經濟發展的黃金時期。此時期的經濟蓬勃發展主要受到當時世界上最大水壩伊塔普水力發電廠興建完成所產生效應的影響。另外，大豆及棉花的大量出口也

表 7：美國對巴拉圭的援助（1954～1988 年）（單位：百萬美元）

項目／年份	發　展	糧　食	經　濟	軍　事	總　額
1954～1960	20.2	3.6	0.4	0.0	24.2
1961～1970	57.9	25.1	9.5	13.5	106.0
1971～1980	43.1	9.8	11.8	16.2	80.9
1981～1988	4.3	1.5	19.1	0.6	25.5
總　額	**125.5**	**40.0**	**40.8**	**30.3**	**236.6**

產生推波助瀾的作用。巴拉圭與鄰國巴西及阿根廷共同興建的水力發電廠，在 1974～1984 年間，為巴拉圭賺進 28 億 7,200 萬美元的外匯，其中有 76% 來自伊塔普水力發電廠的收入。同時，這段期間巴拉圭的出口總額為 29 億 800 萬美元。此時期，不僅是與建設有關的生產活動不斷擴大，而且在貿易、金融以及服務業也有大幅的成長。1973～1981 年間，巴拉圭有 12 家銀行、26 家金融企業及 30 家保險公司。巴拉圭政府在 1970 年代的建設工作，提供成千上萬的工作機會，使得失業率大幅下降。1970 年代巴拉圭曾是世界上失業率最低的國家之一。

1960 年代，巴拉圭首次獲國際貸款，並運用這些貸款致力建造公路、港口與機場。這筆貸款的取得與運用適時消弭巴拉圭內部可能造成的社會動亂。不過也因此公共外債不斷增加，從 1956 和 1966 年的 1,100 萬和 2,300 萬美元，大幅成長為 1973 年的 1 億 1,500 萬。幸好，1960 年代經濟持續成長以及 1970 年代下半期經濟的快速成長，有效降低外債攀升的壓力。此外，這段期間，公共投資主要集中在新的基礎建設上。公路總長從 1955 年的 116 公里，增加為 1975 年的 7,477 公

圖 34：1984 年完工啟用的伊塔普水力發電廠

里；同期，水泥路面從 95 公里增加為 900 公里。而國民平均所得則從 1953 年的 85 美元，增加為 1974 年的 282 美元。在 1970 年代末經濟快速成長後，國民平均所得一度高達 1,600 美元。此外，巴拉圭政府也將大型建設所獲得的巨額利潤完全投資在國內，特別是擴展大豆與小麥的生產。這使得巴拉圭成為世界上最重要的大豆生產國之一，而且小麥生產也幾乎能自給自足。

雖然巴拉圭有上述的發展與成長，但她依然是一個農業國家。此時期，巴拉圭政府也將公共資金致力於鋼鐵及水泥等基礎工業的發展，然而工業的發展仍未見明顯的成長。1970 年代下半期，巴拉圭的經濟成長一度是拉美最高的國家，1977 年及 1978 年分別為 11.8% 及 10.3%。而 1975～1980 年間，經濟年平均成長 9.7%。然而值得注意的是，1976～1979 年間，雖然出口收入倍增，工業生產仍然停滯不前。

整體而言，1970 年代是史托斯納爾政府最光輝燦爛的年代，而且大部分人民所擁有的共識，也讓巴拉圭內部在 1970 年代初期相對地顯得寧靜與平和。然而 1976 年後由於史托斯納爾採取鎮壓行動，形勢驟然改變。此外，1977 年 1 月，美國民主黨的卡特入主白宮，由於強力

圖 35：巴拉圭原始的榨糖設施

主張人權外交，此政策與冷戰時期美國支持反共的獨裁政權大相逕庭，因此造成巴拉圭與美國關係進入冷淡時期。

三、史托斯納爾政權的危機與垮臺（1981～1989 年）

1. 社會與經濟因素

從 1970 年代末期，巴拉圭社會及政治階層開始要求改變。此時，雖然完成了伊塔普水力發電廠的工程計畫，但石油危機所造成的經濟風暴，嚴重地影響巴拉圭各行各業。而且因為巴拉圭反對派勢力的內耗以及它們與政府的聯盟，促使史托斯納爾獨裁政權得以維持不墜。然而，因為資本流通大幅縮減，以及缺乏長程的工業計畫，迫使巴拉圭部分的資產階級從事投機事業、投入毒品交易，甚至宣布破產。

另一方面，1981 年因為長期維持穩定的美元匯率完全崩盤，造成經濟榮景突然中止。一直以來，維持貨幣不貶值的政策是維繫史托斯納爾政權的基本策略。但是，巴拉圭政府限制供給進口所需的外匯、外匯收入減少、利率上升，以及巴西和阿根廷貨幣貶值政策的影響，終於造成美元價格在巴拉圭市場飆漲。此外，此時期巴拉圭的國內形勢也受到政治不穩定因素的影響。首先是政府的態度不明，影響巴拉圭內部新興的工業和商業資產階級；其次，政府的經濟政策未能照顧私人計畫及大部分社會階層的利益，只圖利那些接近權力核心的個人與財團；第三，社會上具有影響力的部門出現質疑史托斯納爾政權的聲浪；第四，阿根廷、巴西等周邊國家重返民主，激勵巴拉圭政治團體同心協力向史托斯納爾政權施壓，以期朝民主轉型邁進；第五，史托斯納爾年事已高且權力高度集中，成為其持續執政的致命傷；最後，巴拉圭朝後史托斯納爾時期轉型已經是一件不可避免的事實。

1982～1988 年間，巴拉圭整體經濟停滯成長，年平均只成長 1.7%。1983 年，由於伊塔普水電發電廠各項建設需求銳減、同年的大水災以及觀光產業衰退，更使得巴拉圭經濟衰退的情況更加嚴重。這造成中央政府的稅收大幅減少，導致公共財政惡化。面對這種儲備金減少的窘境，史托斯納爾政府在經濟嚴重衰退之際，大量舉借外債。1980～1990 年間，巴拉圭外債倍增，從 8 億 6,100 萬美元增加為 16 億 7,000 萬美元。史托斯納爾政府雖然得以藉此打消國家財政赤字，但也造成國營企業大幅虧損。事實上，這是史托斯納爾主政期間，財政赤字最高的時期。此外，經濟發展低迷、對外貿易停滯、財政赤字增加以及通貨膨脹飆升，都直接或間接促成了史托斯納爾政權的垮臺。

2. 政治與國際因素

雖然經濟危機確實影響了史托斯納爾政權的延續，但更重要的因素是紅黨內部菁英的權力傾軋與巴拉圭在國際上的日趨孤立。1989 年 2 月 2 日及 3 日的政變推翻了史托斯納爾政權，是下列許多因素所造成。首先是社會經濟危機。史托斯納爾政權長期一黨獨大，因此面對危機反應遲鈍且缺乏適當策略。事實上，長期以來為了討好支持者，史托斯納爾政府大舉外債，從事一些不切實際的工程建設，深化經濟危機。而且，高度的貪污腐化更是處理經濟危機的最大阻礙。巴拉圭通貨膨脹攀升、失業及非正規經濟活動增加、平均所得降低、實際工資減少、貨幣儲備金減少等都是經濟危機的指標。

其次是史托斯納爾政權合法性降低。在 1980 年代，巴拉圭社會組織或團體重新獲得發展空間或重組。在政府過去數十年的強力控制、鎮壓後，農民、城市工人及學生組織，利用史托斯納爾政權消弱，試圖恢復它們的勢力。甚至，原來大力支持其政權的企業主也因政府大力補助公共部門，損害他們的利益而與政府漸行漸遠。此外，此時天主教會也加強對政府的批評力道。

第三是國際局勢的變化。多年來的冷戰緊張對立情勢漸趨緩解，這對一向極力反共的史托斯納爾政權極為不利。另外，1980 年代南美洲許多的獨裁政權相繼還政於民，使得史托斯納爾的專制政府更形孤立無助。

第四則為軍隊政黨化。史托斯納爾上臺後規定軍官必須加入紅黨，並在此後無條件支持其政權。1987 年，支持史托斯納爾近 30 年的傳統教義派逐漸被較激進的中低階軍官團所取代。然而，史托斯納爾卻低估此現象的影響力。事實上，史托斯納爾執政期間巴拉圭軍中高層甚少更迭，造成中低階軍官升遷管道受損，怨聲載道。因此，他們不願意史托斯納爾持續掌權。

第五是接班的危機。自 1984 年起，由於內部的分歧，紅黨與軍隊的聯盟日漸崩解。軍隊中的激進派試圖介入各個軍中團體，而由軍中高階將領及其親友或企業主所組成的傳統派，逐漸失去權力。軍中逐漸形成一股盲目效忠史托斯納爾的新情勢，因此老將領羅德里格斯及他所屬的一群高階軍官逐漸受到排擠，因此出現了接班危機。面對健康不佳而且日薄西山的史托斯納爾將軍，軍方激進派在攫取權力後，力推他的兒子小史托斯納爾 (Gustavo Adolfo Stroessner Mora) 接替權位。然而，只官拜空軍上校的小史托斯納爾，因為缺乏靈活的政治手腕，似乎比較適合在父親庇蔭下擔任政策執行者。不過，軍中高層卻認為由小史托斯納爾繼任是件危險的安排。此外，小史托斯納爾在軍中相當資淺，軍中高層根本不甩他。因此，小史托斯納爾開始剷除在決策圈的高層軍官。這項錯誤的政治安排，是造成史托斯納爾獨裁統治垮臺的另一項重要因素。

最後則是獨裁者的健康不佳與政權的老態龍鍾。史托斯納爾在執政的最後幾年，健康狀況日漸敗壞，並且失去往昔對政治的精確估算以應付各種挑戰的能力。同時，立基於傳統、封閉的巴拉圭社會，以及因冷戰時期東西對抗和反共旗幟下而生存的史托斯納爾政權也已經老化不堪。這種以個人威權、垂直且缺乏創新的領導模式，無法應對 1980 年代所衍生的政治及社會問題。而且史托斯納爾政權無法妥善處理經濟危機，在普世皆重視人權與推動民主發展的同時，未能有效解決國內外其政權合法性的普遍質疑。

此外，值得一提的是《全國協議》(*Acuerdo Nacional*) 所扮演的角色。1979 年，真正激進自由黨、二月革命黨 (Partido Revolucionario Febrerista)、基督教民主黨 (Partido Demócrata Cristiano) 以及紅色民眾

運動 (Movimiento Popular Colorado) 等四個反對黨簽訂此協議，旨在協調反對勢力以重建巴拉圭的民主。同時，《全國協議》也要求取消戒嚴、頒布特赦以及停止鎮壓行動。再者，社會情勢的緩和，也促成原來傾向支持史托斯納爾政權的媒體、企業主及工會，形成新興的壓力團體。另一方面，1984 年起紅黨內部出現反對派別，黨內部的團結鞏固逐漸衰微，這也促成史托斯納爾政權的敗亡。

面對這樣的局勢變遷，紅黨內部為了尋求對史托斯納爾更堅定、忠誠的支持與擁護反而造成了分裂。隨後，政權更因黨政的變質而深受影響。此時，史托斯納爾陣營中不擇手段的軍人，取代了黨內的傳統教義派。1987 年 8 月，紅黨舉行黨內會議以選出新的決策高層，但是地方的黨員卻遭到封殺，而且中央的執政團也被把持而無法參與。軍方利用掌握決策團，進一步掌握了黨的方向。傳統教義派也因為被排除在領導與決策層之外，失去原先在執政核心內所擁有的經濟利益。另外，學生、專業人士、農人、工人、知識分子以及家庭主婦也逐漸動員走向街頭，而且這些抗議活動也逐漸攻佔媒體版面，擴大影響力。

1988 年 12 月 10 日，許多團體走上街頭以紀念人權日，卻被暴力鎮壓，而且多名政治及社會領袖遭逮捕。然而，此時人民不再害怕走上街頭，因此訴求獲得自由與社會福祉的示威活動此起彼落。

1989 年 2 月 2 日至 3 日凌晨時分，在經歷 7 小時的衝突對峙後，羅德里格斯將軍所領導的政變終結史托斯納爾在巴拉圭近 35 年的統治。當時電視轉播這位老邁的獨裁者，落寞搭乘飛機流亡巴西。

四、史托斯納爾政權的功過

自 1970 年代末以來，除了古巴之外，巴拉圭是拉丁美洲國家中最後進行民主轉型的國家。史托斯納爾成功建立一個具有法西斯色彩的極權政府，並建立一個在武力威嚇下，表面上平和的國家與社會。一般大眾誤認史托斯納爾獨裁政府中，多數且強勢的軍人壓制了少數微弱的文職官員。事實上，與西班牙佛朗哥的軍人政府不同，史托斯納爾獨裁統治期間，其文人閣員高達 70%。而且，國防部、公共工程暨交通部以及財政部，也僅由退休的高階軍官出任。

另外，史托斯納爾獨裁政權迥異於中美洲傳統的獨裁政權，也與阿根廷和智利的軍人執政團大異其趣。不同於智利的皮諾契特，史托斯納爾並未考慮身後的布局。他也從未考慮像智利，擁有真正的民主。事實上，史托斯納爾主義是一種個人的、嚴密的且相對而言堅定不移的權力體制。它是由軍方、紅黨及政府三角勢力所組成，而史托斯納爾則是權力的樞紐，也是追隨者的偶像。因此，阿諛奉承、頂禮膜拜以及殷勤迎合，成為當時立足社會、求得一官半職的重要途徑。而且，街道、廣場及學校都以他或家人的名字來命名，甚至國際機場以及巴拉圭第二大城都稱為「史托斯納爾」。

史托斯納爾在冷戰方熾，巴拉圭政治不穩定及經濟衰頹的情況下躍上權力舞臺。掌權後，他立刻與美國結盟藉以鞏固政權，隨後將重心慢慢轉向巴西，以穩定和周邊國家的關係。在執政初期他也致力國家的基礎建設，以進一步整合並統一巴拉圭。此外，他藉由一系列的紅黨黨內清黨、給予部分軍方高層經濟利益而進一步掌控軍方，以及同時馴化及壓制人民與社會，來鞏固自己的政權。1970 年代，因為伊塔普水力發電廠的興建與完工，以及棉花和大豆生產的蓬勃發展，成為史托斯納爾政權最光輝燦爛的年代。

此外，由於史托斯納爾政權強力主導國家的經濟發展，這給予他充分的資源施予小恩小惠給支持者，強化行政機構及控制社會的能力，但也造成國家與民間社會的嚴重失衡。而且，史托斯納爾政權無法維持平衡的經濟發展，使得經濟發展只是貪污腐化的泉源。此時期，巴拉圭無法進入工業化國家之林，甚至在 1980 年代初期，4/5 的工廠其員工少於 4 人。1984 年，失業率更高達 50%。

值得注意的是，農業政策是史托斯納爾政權最重要的政策。農業政策讓史托斯納爾政權得以拉攏並鞏固大地主的全力支持，並讓大多數的農民長期支持並順從政府。此外，他也透過鎮壓的手段來控制社會衝突的發生。

1947～1954 年間，巴拉圭國內生產毛額只成長 0.8%，而同期人口則成長 2.7%。因此，史托斯納爾於 1954 年初掌政權時，巴拉圭的經濟是蕭條不振的。他於 1954～1989 年執政期間，巴拉圭經濟發展可分成四個時期。1954～1960 年，經濟高度不穩定且低成長時期；1961～1970 年，經濟鞏固時期；1971～1980 年，經濟蓬勃發展時期；1981～1989 年則是經濟危機時期。1970 年代，由於伊塔普水力發電廠的發展以及農業生產的擴大，巴拉圭擁有現代史上經濟成長最高的時期。這 10 年中，國內生產毛額年平均成長 8.7%，甚至在 1977～1980 年間平均更高達 11%。

大型水利工程，特別是伊塔普水力發電廠的建造，帶動相關產業的發展。因此，巴拉圭賺取大筆外匯，不但擴大內部市場的需求與規模，也提供了更多的就業機會，包括工業發展所需的勞動資源。1976～1982 年間，國內外投資年平均成長高達 17%。

另一方面，農業也有很多重要的成長。1970 年代，棉花與大豆的生產面積快速成長。從 1970 年分別只有 4 萬 7,000 公頃及 4 萬公頃，到 1980 年快速增加為 25 萬 8,000 公頃及 35 萬 7,000 公頃。棉花與大豆佔出口總值的 2/3。棉花的出口從 1960 年佔 1.1% 成長為 1985 年的 46%。至於大豆在 1960 年末成為主要出口產品，然而在 1985 年已佔出口總值的 36%。棉花與大豆種植面積與出口總值快速成長，主要歸功於國際市場價格不斷攀升。

在這段經濟成長的時期，史托斯納爾獨裁政權扮演了重要的角色。巴拉圭政府成立了 4 個金融組織，3 個規劃機構及許多家國營企業。然而，1984 年伊塔普水力發電廠啟用後，巴拉圭又回到依賴容易受市場價格波動的農業生產。1982～1983 年的經濟危機是巴拉圭近 30 年來首次經濟蕭條。而國際價格的下滑，也中止了 1970 年代巴拉圭農業的蓬勃發展。1980 年代，大豆與棉花國際市場價格分別下滑 19% 及 33%。

1982 年後的全球經濟蕭條及拉美的債務危機也波及巴拉圭，使得 1980 年代巴拉圭的國內生產毛額年平均只成長 3.1%，比 1970 年代下滑許多。而且，在史托斯納爾政權的最後幾年，巴拉圭的公共財政明顯惡化。雖然伊塔普水力發電廠有豐沛的外匯收入，但仍然不足以支付進口與債務所需，以及彌補面臨窘境的外匯存底。

史托斯納爾主政期間並未像當時拉美大部分國家領袖大力推動工業發展，因此，巴拉圭除在 1970 年代因興建伊塔普水力發電廠有明顯的工業發展外，農業部門的出口一直是巴拉圭經濟發展的火車頭。事實上，農業不僅是巴拉圭國內生產毛額的主要貢獻者，它也是主要的外匯來源和就業市場。1980 年，農業佔國內生產毛額的 26%。而且，巴拉圭近半數的就業人口從事農業生產。此外，農業產品佔巴拉圭總出口的 80% 以上。

在社會方面，即使在 1969～1980 年經濟蓬勃發展時期，巴拉圭的實際最低工資仍然下滑 15%。同時，非薪水收入，也就是企業主及政府的資本收入成長 104%，這加深了巴拉圭社會的貧富差距。此外，拉丁美洲暨加勒比海經濟委員會 (Comisión Económica para América Latina y el Caribe) 所呈現的數據，更清楚說明巴拉圭是一個社會貧富懸殊的國家。在 1975～1980 年間，巴拉圭學生的輟學率高達 60%。小

表 8：國民生產毛額和勞動人口結構佔經濟活動部門比例（1970～1990 年）

部門	1970		1980		1990	
	國內生產毛額 %	勞動人口 %	國內生產毛額 %	勞動人口 %	國內生產毛額 %	勞動人口 %
農業	31.6	52.6	26.0	48.6	28.3	35.4
工業	19.2	20.2	18.6	20.6	17.0	20.5
服務業和其他	49.2	27.2	55.4	30.8	54.7	44.1
總額	100.0	100.0	100.0	100.0	100.0	100.0

學畢業生有 4% 未繼續升學。升學的學生中有一半以上未能完成中學學業。而且，20～24 歲的年輕人中，只有 10% 繼續他們的正規學業。巴拉圭婦女的情況更糟，7% 未能就學及就業。

在醫療方面，根據拉美暨加勒比海經濟委員會，4% 以上的巴拉圭農民缺乏醫療照顧。此外，巴拉圭嚴重缺乏醫生。1980 年，8 萬多名在農村出生的嬰兒，只有 1 萬 5,000 名在醫院生產，比率不到 20%。而且，在 1980 年，每千人擁有不到一張病床；每 1,270 人才擁有一位醫生。1980 年，巴拉圭提供給人民的醫療服務，在南美洲國家中幾乎敬陪末座。

此外，巴拉圭土地集中在少數大地主手上的現象並未改善，造成許多農村無地農民往城市移民，也使得城市充斥攤販等非正規經濟的發展。1981 年，1% 的大農莊主擁有全國近 80% 的可耕地，且面積都超過 1,000 公頃以上。此外，42% 的家庭只分配到全國 7.3% 的收入，而只佔 2.2% 的富有家庭卻擁有高達 75% 的收入。上述現象更加劇財

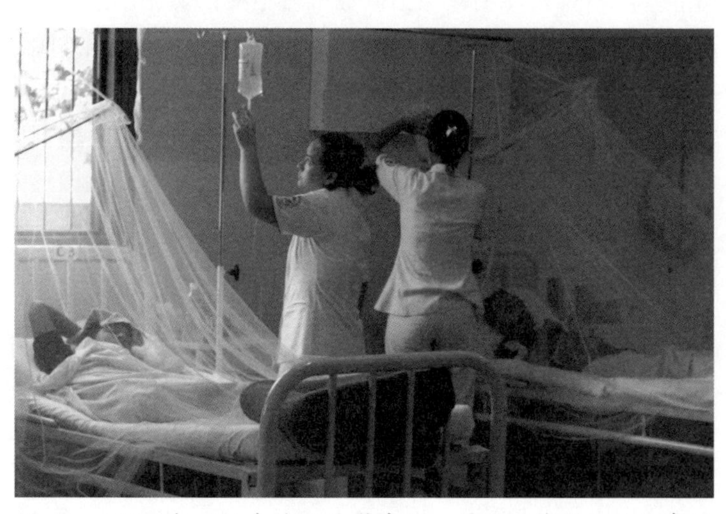

圖 36：2008 年亞松森某地的醫療站　護士以簡陋的設施來隔離、治療黃熱病（熱帶疾病，可能導致死亡）病人，防止疫情擴大。

表 9：可耕地大小（1956～1991 年）

大　小 （公　頃）	1956		1981		1991	
	農場 %	面積 %	農場 %	面積 %	農場 %	面積 %
0～5	45.9	1.0	34.6	0.8	51.3	1.3
5～9.9	23.4	1.4	20.2	1.5	18.7	2.2
10～19.9	16.8	1.9	22.6	3.2	18.6	4.3
20～99.9	10.6	3.1	18.3	6.5	6.2	10.1
100～1,000	2.3	5.9	3.4	9.6	3.7	21.1
>1,000	1.0	86.7	0.9	78.4	1.5	61.0
總　額	100.0	100.0	100.0	100.0	100.0	100.0

富集中在少數人手中，社會貧富差距更加懸殊。

另一方面，史托斯納爾政權時代，官員貪污且常消遣法外案件層出不窮。依據研究，史托斯納爾時代最常見的貪污手法包括：公共工程底標灌水；執行公共工程未招標或不實招標；賄賂；以人頭詐領國家薪資；未經國會通過逕自借貸進行公共工程建設；盜取外匯；侵佔公物；偷盜稅款以及捏造官方數據等現象，不一而足。

最後，在政治方面，史托斯納爾在 35 年執政期間，長期戒嚴且拘禁很多政治犯。國際特赦組織曾多次關切，史托斯納爾政權經常藉故加以逮捕、拘禁反對派人士，以及以和平方式表達其言論及結社自由的工會、專業人士、學生以及農民組織領袖等。

第六章
1990 年代巴拉圭的民主轉型

第一節　1989 年的政變與民主的萌芽

一、1989 年的政變

毫無疑問，1989 年 2 月 2～3 日的政變，終結史托斯納爾長達 35 年的獨裁統治，並開啟了巴拉圭民主政治的轉型。然而，這次的政權更迭仍然是透過軍事政變，顯現巴拉圭自 1936 年「二月革命」以來，總是擺脫不了軍人政變的歷史宿命。

事實上，從 1811 年獨立以來，巴拉圭除了在 1870～1940 年間曾有過初步的民主經驗外，在 1814～1870 年，以及 1940～1989 都曾經經歷長時期的獨裁專政。史托斯納爾政權可謂巴拉圭近代史上最長的獨裁統治，他是在社會混亂、政治不穩定的情勢下攫取政權；是當時拉丁美洲最絕對的獨裁政權，並以殘酷的手段鎮壓所有反對派。史托斯納爾以維持巴拉圭內部和平的名義，將鎮壓異己合理化。此外，為了強化統治權力，他默許支持者進行邊境走私、收受不法佣金、利用中央銀行的美元套匯，以及相關重大工程中收受企業界的賄款等大規模的不法貪瀆行動。

然而，鎮壓及貪瀆還不足以維持史托斯納爾政權長久不墜。迥異於巴拉圭及拉美以往的獨裁者，史托斯納爾還進一步鞏固軍人與紅黨的聯盟。紅黨藉由綿密的政商及地方關係成為主要的政治機器，特別獲得農村社會在選舉中的強力支持。

1987 年 8 月紅黨召開全國大會，支持史托斯納爾政權的紅黨與軍人聯盟開始瓦解。在史托斯納爾的默許下，少數的極右派軍人掌握紅黨，造成那些人數較多的傳統教義派領袖流亡海外。而且，軍隊中許多校級軍官對於在史托斯納爾政權中無法晉升而備感挫折。他們也對史托斯納爾的支持者力拱小史托斯納爾為繼任者深感厭煩與不滿。此外，許多資深的將軍與軍官被迫集體退位，而其他年資較淺的軍官也對政府貪污橫行及軍中缺乏專業化而大感不滿。

另一方面，自從 1987 年少數軍官掌控紅黨後，第一軍區指揮官暨巴拉圭軍方重要級人物羅德里格斯，開始被認為唯一夠分量掌控軍方的人士。他同情紅黨內的傳統教義派人士。而且在 1988 年末有許多軍官支持他，因此一場政變似乎已無可避免。1989 年 2 月 2 日，當史托斯納爾逼迫他的親家羅德里格斯將軍退位時，終於爆發「二月二日政變」。在經過數小時的激戰後，史托斯納爾宣布辭職。雖然官方表明這場戰鬥造成 34 人死亡，但國際觀察家認為有近數百人死亡。史托斯納爾被迫流亡巴西，羅德里格斯成為臨時總統。

在主張維護軍隊尊嚴、紅黨團結、民主轉型、推動人權及尊重天主教會等五項原則下，臨時政府立即採取解放史托斯納爾派掌控的國會、讓被迫退位的軍官復職，以及重建紅黨由傳統派主導等多項措施。同時，臨時政府與反對派達成默契，舉行選舉並逐步重建代議制民主的相關機構，積極推動巴拉圭的民主轉型。

二、民主的起步與活躍的政黨運作

1989 年 2 月 3 日政變隔天，羅德里格斯在全國歡樂的氣氛中於羅培茲宮宣誓就職臨時總統。阿根廷率先承認新政府，緊接著是巴西、委內瑞拉、美國等國家。美國對羅德里格斯政府的承認，尤其重要。巴拉圭新政府能獲得外國承認不僅是因為有動人的聲明，更重要的是二月革命黨、真正激進自由黨以及基督教民主黨三個主要反對黨所採取的態度，他們也都承認新的政權，這當然有利於國際社會對巴拉圭的承認。

圖 37：羅德里格斯（左）與史托斯納爾（右）　1923 年 6 月 19 日，羅德里格斯出生於巴拉圭的波哈城 (Borja)，父母供他唸完小學及中學教育。1942 年在進入羅培茲軍校就讀前，曾在家鄉的甘蔗田工作。1947 年，他參與巴拉圭革命捍衛紅黨的墨里尼戈政府。他是紅黨傳統教義派的成員，也是史托斯納爾總統陣營的核心人物。1968 年起被喻為巴拉圭政壇僅次於史托斯納爾的第二號強人。史托斯納爾執政初期，他負責帶頭公開宣稱軍隊效忠史托斯納爾政府。1981 年，羅德里格斯出任巴拉圭裝備最精良的第一騎兵師指揮官，在軍中的地位更加穩固。1989 年 2 月，領導政變推翻史托斯納爾政權。同年 5 月，在紅黨的支持下當選總統，就任後立刻宣布各政黨合法化及報章和媒體解禁。在他執政時，國會在 1992 年制定並通過新《憲法》。1993 年和平將政權移交給依新憲選出的瓦斯莫西總統。卸任後，轉任終身參議員。1997 年 4 月 21 日，因肝癌逝世於美國紐約的醫院，享年 73 歲。

在 1989 年 2 月至 3 月間，雖然反對黨達成一些《選舉法》的修正協議，但卻都是一些枝微末節。在此情況下，巴拉圭開始由上而下，由內而外的轉型，亦即反對派甚少能參與制定轉型初期的遊戲規則。然而，由政變產生的權力核心卻能獲得反對派的共識，因為新政府保證民眾自由以及反對派能參與民主轉型的首次選舉。

政變後 1 個月，紅黨舉行臨時全國大會選舉黨的新的領導階層，其中傳統教義派囊括 66% 的職務，黨內異議分子則獲得 33%。面對日益迫近的大選，紅黨內部終於取得和解。羅德里格斯所領導的團結的紅黨首要任務就是贏得即將到來的大選。

1989 年 3 月，除了巴拉圭共產黨及獨立共產黨外，在全國大團結的氛圍下，幾乎所有的政黨都合法化。不過，隨著新政府採取包容的態度，這兩個政黨也在稍後獲得承認。雖然各政黨的意識形態不同，但他們都對巴拉圭民主轉型有廣泛共識；支持政治開放；接受軍人參與民主轉型；接受由政府制定的政治遊戲規則；縮小政府的權力並賦予議會更多的權力等議題具有共同的認知。

1989 年 5 月 1 日的大選，除了讓羅德里格斯繼任並完成史托斯納爾自 1988～1993 年未完成的任期，還允許其他政黨以合法身分參選，也就是小黨成為執政黨真正、獨立的對手。此外，這次大選也是巴拉圭史上，首次在言論、集會及新聞自由的氣氛下，有 8 個政黨參加大選。然而，只有真正激進自由黨候選人能夠與羅德里格斯一較高下。雖然 1989 年大選堪稱巴拉圭 40 年來最自由、競爭最激烈、最多候選人的選舉，然而棄權選民也創歷史新高，達 48%。而且，紅黨及真正激進自由黨囊括了近 95% 的選票。最後，羅德里格斯以 74.22% 對 20.33% 贏得大選。同時，紅黨也在國會參眾兩院改選中，分別以 24 及 48 席，掌握 2/3 絕對多數席次。

另外，1990 年通過新的選舉法規，更顯示政府完成政治開放，往民主轉型邁進的決心。這項法律並不是採比例代表制，而是給獲得最多票的政黨在國會、中央選舉委員會及市議會 2/3 的席次。新的選舉法規也允許成立政團、獨立候選人以及組成政黨聯盟參與選舉。同時，禁止軍人及警察加入政黨。另外也禁止強迫公務人員入黨以及強迫公家機構訂閱官方報紙。

三、積極加入南方共同市場

1. 南共市的相關規定

羅德里格斯政府所採取的經濟方案中，最值得一提的是積極推動加入南方共同市場❶。1991 年 3 月 26 日，阿根廷、巴西、烏拉圭及巴拉圭於亞松森簽訂協約，同意自 1994 年起成立南方共同市場。根據 1991 年簽訂的《亞松森條約》，南共市具有每年降低關稅 2%，在 1995 年將關稅降低為零；對非南共市成員國的進口採取統一的對外關稅；以及尋求協調成員國的總體經濟政策等廣泛及遠大的目標。

此外，1991 年 12 月 17 日於阿根廷召開的南共市第二屆元首高峰會中簽署協定，規定推動民主體制是南共市整合與發展不可或缺的條件。再者，在奧維多於 1996 年 4 月在巴拉圭發動失敗的政變後，1996 年 6 月 25 日於阿根廷召開的第 10 屆南共市元首高峰會中，再次重申成員國必須實行民主體制，成員國都應共同唾棄任何擾亂民主秩序的活動。事實上，因為南共市其他成員國的共同約制，才使得巴拉圭免遭政變干擾，阻礙民主體制的實施與發展。同時，南共市也建立諮詢機制，若成員國不實施民主體制或違反其他相關規定，將停止參加南共市各項會議或論壇的權利，情節嚴重者甚至可以除名。

2. 巴拉圭加入南共市的利弊得失

1990 年，阿根廷及巴西等國大力推動成立南共市，

❶南方共同市場的區域經濟整合始於 1980 年代中期，從 1985 年 11 月阿根廷與巴西聯合發表《伊瓜蘇宣言》(*Declaración* de Iguazú) 後逐步展開整合。1989 年，兩國簽署《整合、合作暨發展條約》，兩國正式將合作關係轉變為政府間長期努力之目標，同時也代表南美國家邁向共同市場的第一步。1990 年，阿根廷、巴西、巴拉圭和烏拉圭決定完成南方共同市場，提高會員國經濟利益，增強國際競爭力。1991 年，四國元首簽署《亞松森條約》，進一步確立整合之要點。1994 年，四國元首簽署《歐普利多議定書》(*Protocolo de Ouro Preto*)，確立共同市場組織架構及運作機制，宣

告從 1995 年揭開自由貿易區的序幕。整個貿易區面積約 1,278 萬平方公里，約佔拉美面積 63%；人口約 2 億 6,666 萬人；區內生產毛額達 2 兆 2,000 多億美元。就消費人口而言，南方共同市場僅次於北美自由貿易區和歐盟，其市場規模和經濟潛力受到國際重視。

主要著眼於將擁有 1 億 9,000 萬人口的共同市場，此規模約莫等於當時的美國總人口，也離當時歐共體 3 億人口的規模不遠。而且，南共市成員國整體國內生產毛額約高達 4,000 億美元，大約佔拉丁美洲整體國內生產毛額的 60%。然而，成員國間的經濟及社會發展卻相差懸殊。以國內生產毛額而言，巴拉圭是所有成員國中規模最小的，不到烏拉圭的一半，只有阿根廷的 5%，及不到巴西的 1%。1990 年時，巴拉圭只佔南共市總面積的 3%，2% 的人口及 1% 的國內生產毛額。這種不平衡的發展需要一種複雜的管控及平衡機制，以保證及達到南共市內較不發達地區的發展。

此外，對巴拉圭而言，1991 年加入南共市代表將只有 400 萬人口的國內市場，擴大到擁有 1 億 9,000 萬的南方共同市場。而且讓巴拉圭的企業得以進入資本受到高度保護的阿根廷及巴西市場。然而，巴拉圭卻無法因此增加其對其他成員國的貿易額，而且消費者也無法享受加入南共市可能帶來的好處。因為，所有經濟整合的利益集中在其他三個成員國。巴拉圭無法享受整合的好處與其生產的基礎有關，因為巴拉圭的工業相當落後，基礎建設嚴重不足。因此，巴拉圭從成員國的進口額增加，但出口則不然。

表 10：1990 年南方共同市場成員國的國內生產毛額

國　家	阿根廷	巴　西	巴拉圭	烏拉圭
國內生產毛額（百萬美元）	80,000	296,742	4,000	6,760
國民平均所得（美元）	2,400	1,793	1,593	2,180

圖 38：南方共同市場　2003 年南方共同市場貿易高峰會在亞松森舉行，與會國有玻利維亞、巴西、巴拉圭、阿根廷、烏拉圭、智利和委內瑞拉，討論如何抑制社會動盪、恢復經濟力量，並使拉丁美洲成為世界重要經濟體。

另一方面，巴拉圭加入南共市其政治考量大於經濟目的。巴拉圭認為在結束 35 年的獨裁統治後，加入南共市可使剛起步的民主發展獲得成員國的承認與支持，否則將使巴拉圭更形孤立與無助。此外，巴拉圭也沒有像同時期的智利，擁有豐富的天然資源及完善的基礎建設，能夠獨立進行民主轉型。對巴拉圭而言，孤立於南共市外等同於在拉美孤立無援。因此，巴拉圭不得不簽署並加入南共市。此外，巴拉圭地處內陸缺乏出海口，一直是經濟不發達的主要原因。所以巴拉圭希望藉由加入南共市，減少這項不利因素。然而，加入南方共同市場的利弊得失，一直是巴拉圭內部不同派別爭辯的焦點。認為不可行的派別強調，南共市最終只有利於大國，執政黨內的傳統教義派支持此論點。他們認為南共市內部採共識決，因此巴拉圭必須讓渡其部分主權。

表 11：巴拉圭與南方共同市場成員國間的貿易關係（百萬美元）

國　家	1989		1990		1991	
	進　口	出　口	進　口	出　口	進　口	出　口
阿根廷	67,751	48,983	151,157	55,485	152,329	45,050
巴　西	177,151	328,480	207,292	312,303	234,256	203,082
烏拉圭	6,183	10,588	8,854	11,553	10,297	11,319

此外，巴拉圭是小國寡民、資源有限，無法像巴西及阿根廷具有足夠左右全局的實力。

此外，學界人士認為，巴拉圭政府決定加入南共市並沒有廣泛徵詢各方意見，也缺乏詳實的研究與評估。而且經濟部門鮮少參與討論，政府只召集少數企業家為政府決策背書。同時必須強調，巴拉圭也缺乏足以和阿根廷及巴西競爭的工業基礎建設。因此，中程而言，企業界深信如果巴拉圭政府的政策沒有重大改變，加入南共市將使得巴拉圭大部分的工業關門大吉。即使有上述的負面論點，但是整體而言，巴拉圭加入南共市是將市場做大的良機，因為成為南共市的一分子，至少比較容易和其他國家競爭。

四、1991 年的地方選舉與 1992 年的新「憲法」

1.1991 年的地方選舉

1991 年 5 月 26 日，巴拉圭首次舉行地方選舉，這對巴拉圭的政治發展與民主轉型具有關鍵性的影響。此次選舉各政治勢力首次在相對公平的條件下競爭，足以檢視各大黨的實力消長。這次的選舉過程相當平和，沒有發生暴力事件，而且在計票時也相當平順。整體而言，這是一場乾淨而且沒有舞弊的選舉。選舉期間，政府透過各種管道提升民眾的民主素養，以及許多非政府組織蒞臨巴拉圭擔任觀察員，是此次選舉順利成功的主要功臣。此外，在這次選舉中也首次舉行民調及選舉文宣廣告，也顯示巴拉圭選戰的現代化。以上種種因素，使得這次選舉在 220 萬的合格選民中，有 138 萬多，60% 以上的選民投票。

這次的選舉結果對權力核心及民主轉型造成很大的影響。首都亞松森市長由年僅 30 歲，中左派的「大家的亞松森」(Asunción para Todos) 候選人費里索拉 (Carlos Filizola) 跌破各家眼鏡，以 35% 的選票脫穎而出，執政的紅黨只獲得 27% 的選票。這種情勢代表巴拉圭民主開放過程的轉捩點，也瓦解了從 1954 年以來，政府、紅黨及軍方三角勢力間的關係。1991 年的地方選舉，雖然紅黨在 206 個縣市中贏得 155 個縣市，但卻失去首都亞松森市長寶座，並在一些大城市及內陸城市丟掉政權。

2.1992 年的新「憲法」

1991 年 5 月的地方選舉後，緊接著是同年 12 月 1 日的制憲代表選舉。由於 5 月地方選舉失利，軍方保守派致力尋求紅黨內部的團結，呼籲文人與軍方對話，同時大力提供選舉所需的設備與人力。這次選舉投票率只約 50%，使得自由派及獨立候選人比地方選舉時短少了近 20 萬張選票。而紅黨則獲得 55.1% 選票，在 198 個席次中獲得 122 席，主導制憲過程，使得新憲趨向保守，但這也是巴拉圭史上最民主的《憲法》。此次制憲代表選舉，紅黨大獲全勝主要歸因於軍方的後勤支援，黨機器的有效運作，以及投票率等因素。然而，紅黨還是無法達到 1989 年 5 月總統大選，高達 74.36% 的得票率。

經過近半年的協調折衝，1992 年 6 月 20 日終於頒布新憲，新憲中有關政治及民眾權利獲得大幅進展，而且特別注意行政、立法與司法三權的制衡。行政權也由中央集權改為地方分權。此外，新憲也恢復設置副總統職位、禁止軍人及警察參與政治及選舉活動，並嚴禁總統連選連任。

總而言之，1992 年的新憲是巴拉圭史上最民主的憲法。它試圖建立捍衛自由、追求民眾福祉的有為與廉能的政府。

五、羅德里格斯政府功過與得失

整體而言，羅德里格斯政府靈巧地掌握巴拉圭的民主轉型，而且也獲得大多數民眾的支持。雖然整個民主轉型是逐步甚至有些遲緩，但值得稱道的是政治開放過程持續往前邁進。例如 1991 年 5 月舉行了地方選舉；1991 年 12 月舉行制憲代表選舉，並於 1992 年 6 月頒布新憲。新憲有助於巴拉圭往自由民主邁進，而且擴大保障個人及參政的自由，另外也保障婦女及工會等特殊團體的權利。同時，新憲也擴大國會的權力，讓司法權更獨立，而且對軍隊做了某些的限制。

1. 政治發展的得失

巴拉圭在 1989 年政變後的政治發展令許多國內外觀察家大感驚嘆。他們對在拉美歷史上司空見慣的政變卻沒有在巴拉圭形成新的獨裁政權，而大呼不可思議。不可諱言的，羅德里格斯將軍在政治轉型的過程中扮演非常重要的角色，他讓巴拉圭的體制朝民主的方向發展。在領導政變後的第一時間，羅德里格斯即堅持巴拉圭必須民主化且應完全尊重人權。同時宣誓將於 1992 年完成新憲，並表示不會參加 1993 年的大選。

事實上，巴拉圭的民主經驗與當時拉丁美洲及全球的局勢變化息息相關。首先，當時冷戰剛結束，軍事獨裁政權不能再用反共作為延續政權的藉口。另外，拉丁美洲人民一致要求各國政府尊重人民的基本自由。而且從 1980 年初起，已經有許多拉美國家重返民主政權，而且巴拉圭鄰國阿根廷、巴西、玻利維亞等國也正加速推動民主化。另一方面，巴拉圭國內民主勢力不斷加強，而且國外勢力也不斷施壓，這些都直接或間接促成巴拉圭的民主轉型。當然，巴拉圭民眾受到更好的教育、接受更多的資訊，而且比以前稍為富有等國內社會情勢的逆轉也功不可沒。此外，根據 1992 年的人口普查，巴拉圭的人口約 446 萬，比 1950 年增加 300 多萬。

此外，保障個人自由以及重返法治國家是羅德里格斯政府時期最

表 12：1872～1997 年巴拉圭人口統計

年　份	人口數	年　份	人口數
1872	231,196	1950	1,343,100
1886	329,645	1962	1,819,103
1899	696,392	1972	2,357,955
1914	750,541	1982	3,029,830
1926	828,960	1992	4,459,853
1936	992,420	1997	5,085,328

重要的改變。再者，史托斯納爾時期遭關閉禁止的《ABC 彩色報紙》、電臺等其他相關媒體都再度發行或開播，而且不需事先審查。另外，羅德里格斯時代，司法單位也對前朝不法的官員進行審判或監禁，此舉有助於恢復民眾對司法體系的信心。同時，政府也下定決心改善公共行政、改革部會、肅貪並將從事不法勾當的公務人員繩之以法。另外，政府也宣示提高行政效能，重新談判外債並明定國家的投資及舉債政策。而且政府也打算將虧損的國營企業私有化，或至少轉成公私合營。此外，政府也致力改善或改變不合時宜的醫療及教育體制，使其更符合民眾所需。在對外關係方面，政府力圖改善巴拉圭的國際形象，同時簽署《亞松森條約》，加入南方共同市場。

另一方面，巴拉圭政府也成立觀光局大力促進巴拉圭的旅遊活動；修改 1967 年《憲法》，賦予縣市政府更大的自治權。政府也開始大力打擊走私活動，以挽救日益衰微的經濟活動。同時政府也順應民意，提出解決方案，回應無地農民的訴求。而上述工作得以實施最主要在於巴拉圭國家回歸體制化。此外，隨著民主化的進展，工會運動進行重組，政府承認 20 多個新成立的工會組織。而農民團體也蓬勃發展，致力要求政府授予無地農民耕地。另外，《憲法》明訂工人有罷工權，因此 1989～1992 年間，罷工事件層出不窮共有 193 例，並以 1991 年最為嚴重，共有 62 例。雖然如此，這些罷工事件最終都以和平收場未

圖 39：以豎琴為主的瓜拉尼原住民音樂演奏是重要觀光資源 圖為2009年6月在羅培茲總統府前的豎琴表演。

表 13：1989～1992年巴拉圭各部門罷工次數

部門／年份	罷工次數					
	工業部門	服務部門	總　計	私人部門	公共部門	總　計
1989	26	18	44	34	10	44
1990	24	20	44	30	14	44
1991	27	35	62	39	23	62
1992	15	28	43	25	18	43

遭鎮壓。同時，警察也首次走上街頭要求加薪。

雖然羅德里格斯政府於1989年甫上臺時宣布調薪，但其幅度趕不上物價的上揚。而且，各行各業的調薪幅度不一。軍方調薪7%，警察5%，公務人員3%，而最低工資只調高1.5%。大幅調升軍人、警察及公務人員的薪資，主要在避免貪污情事發生。

2. 經濟發展的得失

整體而言，羅德里格斯政府致力建立以貿易開放、提升競爭力、鼓勵私人企業、減少國營企業，以及謹慎的財政與貨幣政策的自由市場經濟。為了建立自由貿易，政府全力改革匯兌體系與減少對進口的限制，同時積極參與和周邊國家的南方共同市場的經濟整合。羅德里格斯政府上臺後，首要的工作就是解決前朝政府所遺留下來不斷飆升的通貨膨脹以及龐大的貿易赤字。

在 4 年執政期，羅德里格斯政府在經濟發展上有許多重大的成就。此時期，巴拉圭逐漸往自由市場經濟轉型，而且繼續推動國營企業私有化，造成外國投資大幅增加，外債明顯減少。此外，貿易政策也獲得顯著成效，匯率自由化，大幅降低關稅。而且，積極推動南方共同市場區域整合有助於降低走私活動，以及有助於出口及提升國內市場的競爭力。另外，1990～1992 年間，巴拉圭外債大幅減少 4 億美元。雖然政府採取漸進的調整政策，以避免造成不良的後果，然而巴拉圭的經濟發展在羅德里格斯執政的最後兩年，仍然有明顯的下滑。特別是巴拉圭經濟支柱農業產品因國際價格大幅下滑而深受影響。此外，1990 年國內生產毛額成長 3%，到 1991 年則下降為 2.4%，而 1992 年只成長 1.5%。至於國民平均所得 1991 及 1992 年都是負成長，分別為 –0.4% 及 –1.2%。1992 年，巴拉圭的工業產值只佔國內生產毛額的 21.2%，食品加工、紡織、成衣及製鞋佔工業產值的 70%，工業生產都屬小型企業，並且都以內銷為主。

另一方面，羅德里格斯時期，巴拉圭的貿易主要受到三個因素的影響。第一，巴拉圭外銷產品以初級產品特別是農牧產品為主，在 1992 年佔出口產品的 84%。這顯示巴拉圭雖積極致力出口產品多樣化，但仍相當程度依賴初級產品。而且在 1992 年，棉花與大豆兩項農產品就佔出口的 51.4%。這種情況反映出兩個主要問題。其一，出口額嚴重依

表 14：1980～1992 年巴拉圭的外債和外國直接投資（百萬美元）

年　份	1980	1985	1990	1991	1992
外國直接投資	31.7	0.7	76.3	83.5	117.5
外　債	861	1,772	1,670	1,637	1,249

圖 40：位於巴西和巴拉圭邊界的東方市是購物及走私的天堂

賴地區氣候條件及農業產品的國際價格；其二，巴拉圭很難改變國際價格下滑的趨勢。

第二，走私在巴拉圭經濟活動中扮演重要角色。巴拉圭的走私活動主要是以位於巴西及阿根廷邊界的東方市為中心。巴拉圭政府無法有效控制廣大且人煙稀少的邊境地區，據估計在 1992 年巴拉圭的汽車有 60% 是從阿根廷、巴西或烏拉圭偷竊引進的贓車。雖然羅德里格斯政府推出新的匯率及貿易政策，使得走私活動有所減少，然而走私在巴拉圭國內經濟活動中仍佔有重要地位。

第三，巴拉圭的外貿高度依賴巴西市場。與拉美大部分國家不同，巴拉圭沒有把美國當成最主要的貿易伙伴。巴拉圭進出口的主要市場為拉美其他國家，特別是南方共同市場的成員國。1992 年，該市場吸收巴拉圭 37.5% 的出口及提供巴拉圭進口的 37%。此外，巴拉圭的走私進口主要也來自南共市。巴西是巴拉圭的最主要貿易伙伴，在 1991 年分別佔巴拉圭進出口的 17.8% 及 27.5%。

總之，1988 年政變後，巴拉圭的民主轉型過程具有三項主要特徵。首先，這是在軍方及羅德里格斯監管下的民主進程，保守的執政黨紅黨所扮演的角色不如軍方。其次，這是凝聚巴拉圭各政黨共識的民主轉型。包括紅黨到巴拉圭共產黨的大部分政黨都接受軍方監控政治開放的遊戲規則。國會內部也普遍具有共識致力達成協議，逐步開放更大的自由空間。第三，這是一場保守的社會轉型。羅德里格斯政府的社會經濟政策有利於大農業出口商，而且對抗通貨膨脹政策抑制受薪階級的購買力。1991 年巴拉圭國家總預算中，國防及有關國內安全的預算大幅超過醫療、住屋及教育預算的總額。因此，民眾運動也藉著國內政治更自由，而逐漸蓬勃發展。然而，在此階段的民主轉型中，史托斯納爾獨裁政權殘餘勢力的影響仍處處可見。司法單位的成員大多數是獨裁政府時期所任命；對無地農民仍採取鎮壓的態度；政府單位還是充斥貪瀆情事，而且軍隊仍未組織化及去政黨化。

六、民主轉型的基石——1993 年大選

1989 年政變推翻史托斯納爾獨裁政權，開啟巴拉圭民主轉型的大門。政變主角羅德里格斯雖然是軍人出身，但在掌權後卻開始推動巴拉圭政治自由化及調整經濟政策。此外，史托斯納爾獨裁政權的終結也有利於巴拉圭與阿根廷、巴西及烏拉圭建立南方共同市場。南共市的推動讓巴拉圭有更多參與國際計畫的機會、有利於進行審慎的經濟改革，以及有助於鞏固其政治與民主的轉型。

然而，在政變 4 年後，巴拉圭的轉型呈現緩慢及時而失序的狀態。執政的紅黨仍然因為內部不同派系的衝突而分裂。此外，因為在 35 年獨裁的壓制以及內部分歧而積弱不振的反對黨，也無能為力挑戰紅黨。在經濟領域，羅德里格斯政府為了讓政權更具合法性，因此審慎執行經濟政策，以試圖解決 1980 年代末因氣候異常及國際價格下滑所導致的農產品收入減少的不利因素。另一方面，自巴拉圭獨立以來深刻影響國內政治活動的軍隊，此刻更加深入地影響巴拉圭的政治發展。這

也將是贏得 1993 年 5 月 9 日總統大選人士必須面對的最主要的問題與挑戰。

1993 年 5 月 9 日，巴拉圭在 1992 年通過的新憲下，首次舉行大選，新任總統任期 5 年至 1998 年。此次選舉，意味巴拉圭多年來首次在民主氣氛中，舊政府和平地將政權移轉給新政府。這代表巴拉圭在終結拉丁美洲最久的獨裁政府後，完成了第一階段的民主試煉，同時也進一步鞏固自 1989 年 2 月 3 日政變後開啟的民主轉型。

1993 年的大選，有國家共和協會 (Asociación Nacional Republicano)、國家匯合聯盟 (Alianza Encuentro Nacional) 以及真正激進自由黨推出候選人參選。初期民調，由國家匯合聯盟的候選人卡巴耶羅・瓦爾加斯 (Gillermo Gaballero Vargas) 拔得頭籌，執政黨的瓦斯莫西 (Juan Carlos Wasmosy) 則居次。不過，後來卡巴耶羅的聲望逐漸下滑，主要是因為他過早進行競選活動，以及綿密的宣傳活動耗損該黨太多的資源，終於導致最後的競選活動欲振乏力。

1993 年 4 月選前 1 個月，軍事將領奧維多成為主導選戰的靈魂人物。他不但親自跑遍全國各地，甚至透過軍方系統拜會全國的所有選區，強制黨員支持瓦斯莫西，否則將失去在公部門的職位或是既有的特權地位。整體而言，此次的大選除了發生些小狀況外，大致上都在和平、自由的氣氛下完成，而且開票也在媒體的轉播下公開進行。

這次大選合格選民約 170 萬人，投票率為 69.03%，最後由執政黨候選人瓦斯莫西以 39.92% 的得票率，贏得大選。這是巴拉圭獨立 182 年來，首位透過公民自由投票而當選的文人總統。然而，紅黨在同時舉行的參眾兩院議員改選中，失去過半席次。為此，瓦斯莫西在就職後，不得不立刻與反對黨協商，以順利推動政務。

1993 年 5 月 9 日大選的順利完成，代表 1989 年政變後民主轉型的結束，也是巴拉圭進入全面民主時代的開端。這是巴拉圭政治史上首次由自由、公開選舉的軍人總統羅德里格斯將軍，將政權和平移交給也是經由巴拉圭民眾在自由、平和情況下選出的文人總統瓦斯莫西。

雖然新總統仍是 1947 年以來長期執政的紅黨黨員，然而此次選舉代表巴拉圭史上舊時代的結束以及嶄新局面的來臨。言論自由以及政黨的解禁是羅德里格斯時期最大的貢獻之一。

此外，這次的大選除了執政的紅黨外，有 7 個反對黨在《憲法》賦予的權利及完全自由環境下推出候選人參選。然而，在巴拉圭長期

圖 41：瓦斯莫西

1938 年 12 月 15 日，瓦斯莫西出生於首都亞松森。2 歲時喪母，父親將他托給姑媽撫養及教育。大學時就讀巴拉圭國立大學工程學系，1962 年畢業後立刻成立自己的公司，並承包了許多政府工程。1989 年政變後，羅德里格斯延攬他出任整合部部長。之後擔任巴拉圭商會主席，負責督導建造龐大的伊塔普水力發電廠。1993 年瓦斯莫西成為紅黨總統候選人並贏得大選。事實上，他的個性太過溫和且缺乏領袖魅力與群眾吸引力，以至於很難在演講中激起群眾激情。不過，他基於選民喜好所推出的政見成功地克服自身的缺點。此外，因為史托斯納爾獨裁時期的思想控制，使得重獲自由民主的巴拉圭人民缺乏理智判斷與分析的能力，造成政治知名度已不是勝選關鍵因素，掌握真正的政治權力才更重要。

另外，他選擇擁有極高的人氣和在當時具有重要政治地位的塞福特 (Ángel Roberto Seifart) 為副手，成功彌補他的不足。然而瓦斯莫西最重要的制勝關鍵還是在於受到軍事強人奧維多的強力支持。1993 年 8 月 15 日就職後，致力推動國家的變革及國際形象。1996 年 4 月，曾遭受奧維多所發動的失敗政變。

獨裁壓制以及各黨內部的分歧下，沒有任何反對黨候選人能與紅黨匹敵。此次選舉選民首次能毫無限制地透過電視及報章報導認識候選人、其政見及所屬政黨。可喜的是在此自由環境中，此次選民投票的傾向並非依政黨的顏色，而是以各政黨的政見為依據。

個人認為，此次選舉對巴拉圭未來的發展是正面且有利的。因為在史托斯納爾的長期獨裁統治以及紅黨的長久一黨專政下，若突然由反對派獲勝，恐將引發巴拉圭政治及經濟局勢的高度不穩定。反對黨缺乏領導國家的經驗，這可從他們在政見中，所提出過度理想化與不可行的經濟政策得到印證。雖然反對派無法取得總統寶座，但在國會參眾兩院的選舉中，卻史無前例的獲得過半數的席次，這將有利於反對派與執政黨針對國內政、經情勢進一步協商。總之，此次大選過程相當的自由平和，政權也順利、平和的移轉，為巴拉圭走向民主化的道路奠定更穩固的基礎。

第二節　瓦斯莫西總統執政

一、紅黨的內鬨與政府的政治危機

1993 年大選最後由瓦斯莫西取得相對多數，當選巴拉圭總統。瓦斯莫西就任總統後隨即顯露出這些新當權者各自的私利意圖，一般普羅大眾成為最大的受害者。而且，早在瓦斯莫西入主總統府前，為所屬的利益團體謀求更多經濟利益和擴展商業版圖等目的其實早已顯露無遺。另一方面，他與副總統賽福特在立場、觀念與利益上並無交集，彼此只是一時的策略聯盟，沒多久就產生裂痕。不僅如此，行政體系各部門彼此糾葛且利益衝突。

此外，1993 年國會參眾議院選舉因紅黨未取得過半席次，使得國會處於朝小野大的態勢。1993 年 10 月 14 日，執政黨與主要反對黨簽訂協議以利執政。協議包括四項主要內容：首先是推動司法改革。依據新憲，成立司法委員會，負責最高法院院長、法官及檢察官的任命；其次，根據國家的需要，加速政府的革新，以期符合國家發展的需求；第三，透過軍人去政治化及軍隊的重組讓軍隊體制化；最後則是優先處理社會及經濟議題。但是不久之後，瓦斯莫西旋即公開抨擊國會的種種作為。面對立法部門的掣肘，瓦斯莫西透過軍方系統，慫恿軍方發動政變對國會施壓，要求解散國會。許多事證顯示，瓦斯莫西試圖干預國會運作是造成後來政治危機的元兇，而這樣的窘境在當初黨內初選時就已埋下禍因。

1993 年大選前紅黨的黨內初選，阿甘納 (Luis María Argaña) 是黨內初選的勝出者，應該由他代表紅黨競選總統。但是，當時紅黨的當權派卻利用手段取消了他的資格，並推出他們屬意的瓦斯莫西參選。當時黨內有一部分人士不滿且反對這樣的提名，並造成瓦斯莫西在總統大選中得票率只有 40%。而且，也因為這樣的分裂，使得紅黨在國會參眾議會中無法取得過半席次。這造成多年來一黨獨大、為所欲為的紅黨領袖，在一夕之間必須面對與反對派協商獲取共識以推行政策的局面。

在這樣的情勢下，反對派靈活協調、折衷自身立場以便達到共識獲取目標。執政黨則處於不利的局勢下，被迫與反對黨達成協議。為此，反對黨不再抨擊總統當選的合法性，同意制定新的選舉名冊及其他選舉事務的革新，以去除舊政權時期種種不公的選舉情事。此外，基於朝野的協商基礎，在其他方面也獲得一定的成果。例如司法部門的改革，透過司法委員會的比例分配，取消由總統直接任命的舊習，以及政府的審計制度與監督機關等等的改革。

另一方面，瓦斯莫西政府將與鄰國合作的大型公共建設，以及航運、水利、洲際公路和橋樑建設等工程及國家的各種經濟特權分配給所屬的利益集團。此外，更嚴重的是，在瓦斯莫西執政期間巴拉圭曾遭遇兩次金融體系的崩潰，頓時上萬民眾生計因而無所依靠。此外，這時期中央銀行多次因為政府高層直接挪用資金而造成銀行準備金短缺，或是國庫資金被用來非法援助破產的私人金融機構。而且，他們也利用社會保險局和其他稅務機構的資金，作為私人企業虧損的融通資金。

二、1996 年的失敗政變

瓦斯莫西總統執政時期，不僅需要面對國會少數執政的困境，在其內部還得遭遇軍事強人奧維多所導致的危機。奧維多曾是瓦斯莫西得以贏得 1993 年大選的關鍵人物，他政治手腕之高可以從他曾經擔任獨裁者史托斯納爾的祕書，之後又成為羅德里格斯政變的重要推手而窺見一斑。奧維多在嶄露頭角後，立刻取代當時的軍中高層成為軍方的頭號人物。瓦斯莫西上任後，軍事指揮權處處受制於奧維多。奧維多憑藉在軍隊的勢力與地位，對政府的政策權具有很大的影響力。

1996 年 2 月，瓦斯莫西總統公開聲明，直指奧維多違反身兼三軍統帥總統的命令與交辦事項，自此引爆雙方衝突。隨著雙方的衝突越演越烈，而且奧維多屢次以發動軍事政變要脅正副總統辭職下臺，巴拉圭頓時籠罩爆發軍事政變的陰霾，其實，事件背後的主因在於雙方的經濟利益與權力分配不均。再者，也與當初軍人主導巴拉圭民主轉型而未順勢將軍隊國家化、制度化所留下來的後遺症。面對此次政治危機，民眾紛紛走上街頭支持民選總統，並保護巴拉圭剛萌芽的民主制度。然而，瓦斯莫西卻表現出軟弱態度，希望以任命奧維多為國防部長的條件要他辭去軍職，以平息危機。

圖 42：1996 年失敗政變的主謀者奧維多

政變最後因奧維多礙於國內外的強大壓力，最後選擇卸下軍職而平息。雖然，奧維多被迫以退休明志，但他卻更積極地投入早先在軍旅生涯期間就已經相當活躍的政壇。由於奧維多出身農民家庭，又曾是史托斯納爾時期的核心人物，因此對於巴拉圭民眾的生活方式、喜好、需求與習慣瞭若指掌。奧維多利用本身的政治手腕與對民眾的深刻了解，立刻成為一個具有群眾魅力的政治人物。他利用煽動性與民粹的言論，吸引了一群激情的追隨者，而且也獲得了可觀的選舉資金。

此外，奧維多擔任軍職期間利用無人能制衡的權力，運用國家資源經手各種公共建設，這也替他吸引了相當多選民的支持。然而，奧維多還是在政治上犯下關鍵的錯誤。他獨厚自己所率領的第一騎兵師，手下的部屬在獲取無數利益的同時，當然對他極為效忠。但是，相對地整個軍方體系也因奧維多的偏袒而出現了不滿與裂痕。

三、瓦斯莫西執政時期的經濟與社會情勢

在經濟與社會發展上，因為執政黨內部的衝突與紛歧，以及層出不窮的貪污醜聞，削弱了各公家機構的可信度，也使得瓦斯莫西在社會與經濟的改革，無法符合民眾的預期。瓦斯莫西政府主張推行新自由主義政策，以及在金融及經濟上的失策，不但造成許多巴拉圭銀行的破產，也使得巴拉圭的經濟一蹶不振。同時，他也造成巴拉圭貧窮人口不斷增加。事實上，1989 年後的民主轉型，雖然成功解決史托斯納爾後的繼承危機，但卻無法有效解決獨裁政府時期所遭遇的總體經濟失衡以及經濟長期停滯的兩大難題。

瓦斯莫西執政時期，經濟持續衰退。1995～1998 年間，經濟成長從 4.5% 下降為 –0.4%；而同期，國民平均所得也從 1.8% 下降為 –3.2%。此外，1995 及 1997 年的兩次金融危機，使得瓦斯莫西政府的貨幣市場更加混亂。1995 年危機發生時，巴拉圭中央銀行被迫介入以挽救 4 家瀕臨破產的銀行。而 1997 年危機時，央行再次介入挽救 2 家遭擠兌的國營銀行。

表 15：1995～1998 年巴拉圭國內生產毛額成長率 (%)

年　份	1995	1996	1997	1998
國內生產毛額成長	4.5	1.1	2.4	–0.4
國民平均所得成長	1.8	–0.6	–0.2	–3.2

表 16：1993～1997 年巴拉圭的出口 (%)

地區／年份	1993	1994	1995	1996	1997
南方共同市場	39.6	46.2	56.8	63.2	48.2
其他國家	60.4	53.8	43.2	36.8	51.8
總　計	100.0	100.0	100.0	100.0	100.0

表 17：1993～1998 年間巴拉圭的失業率 (%)

年　份	1993	1994	1995	1996	1997	1998
失業率	5.1	4.4	5.3	8.2	7.1	6.6

在對外貿易方面，到 1993 年末，巴拉圭有 39.6% 的貨物出口至南方共同市場，到 1996 年末增加為 63.2%，但到 1997 年末又下降為 48.2%。國內經濟危機的深化，使得社會各階層的不滿情緒持續上升。失業率的上升、棉花小農購買力下降、城市勞工的薪資減少，以及土地大幅集中在少數人手中，造成巴拉圭社會貧窮的情勢更形惡化。

這段期間，工會也常藉由罷工、示威遊行等活動來爭取勞工權利。而瓦斯莫西政府則受到政治及經濟危機而支持度下降，因此很容易讓步並滿足工會的要求。例如在 1998 年交通運輸業威脅發動全面罷工，政府立刻應允調高票價 21.4%。

總而言之，雖然瓦斯莫西政府交棒時已讓巴拉圭往代議制政府更向前邁進一步。但是，許多情勢顯示，很難斷定巴拉圭已經成為一個完全民主的國家。因此，巴拉圭是否能往民主之路大幅邁進，相當程度取決於政府、軍方與紅黨綿密的三角關係的解構。當軍方高層仍持續主導巴拉圭政治發展時，定期的選舉文人出任總統並無法保障巴拉圭完全實現民主政府的願景。

四、1998 年大選

事實上，1997 年紅黨黨內初選結果是由奧維多勝出，取得參加 1998 年大選的資格。但是法庭宣判奧維多因企圖在 1996 年發動政變被判 10 年徒刑而喪失資格，遂由原本搭檔參選副總統的古巴斯 (Raúl Cubas Grau) 取代成為紅黨的總統候選人。古巴斯也是靠伊塔普水壩發電工程致富的著名企業家之一，與瓦斯莫西關係匪淺。但是這樣的政治安排令人憂慮，出身相似的古巴斯將延續瓦斯莫西追求自身利益而忽視政府與國家經營管理的執政路線。

與古巴斯搭配競選副總統的是紅黨排名第二的阿甘納。阿甘納因為曾是親史托斯納爾派的重要成員，而被黨內一部分人士所抵制。此外，他的反動言論立場，大部分的城市選民都不表認同。雖然如此，紅黨對都市以外的選民訴諸選舉狂熱，並以回到過去經濟榮景作為選舉訴求。紅黨的選舉口號為「任何紅黨候選人都更勝於在野黨最佳的候選人」。

此次選戰勝負癥結並不是因為執政黨推出什麼樣的強棒人選，主要問題還是在反對黨身上。儘管在野人士組成「民主聯盟」(Alianza Democrática)，但是仍然無法獲得足夠的選票。1998 年 5 月 11 日大選，最後仍由紅黨的古巴斯以 54% 選票勝出，民主聯盟則拿下 42% 選票。

最後的選戰結果不禁令人疑惑，因為雖然紅黨做盡了不光彩的事，為何選民又再次選擇紅黨，主要在於選民缺乏自覺意識，而且反對黨也缺乏具吸引力與可信任的人選。事實上，經過 40 年的獨裁統治，反對派付出相當的代價，他們與社會各階層缺乏連結；屈身在邊境或流亡國外與政權對抗；而且必須想盡辦法自力更生面對各種迫害。此外，他們大多是高知識分子和財力頗豐的上層階級，與一般的社會大眾缺乏共同的經驗與認同關係。

第三節　古巴斯執政與憲政危機

一、憲政危機與阿甘納遇刺

1998 年 8 月 15 日古巴斯就職後，隨即釋放仍實際握有權力的奧維多，此舉隨即引發巴拉圭的憲政危機。當時，司法部門要求總統勿干預司法，尊重法院的判決。然而，古巴斯政府卻不加理會，終於引爆憲政上三權分立的運作危機。國會中的執政黨成員也和在野黨一起指責總統獨斷的行為導致憲政失序，準備彈劾總統。

古巴斯原來只是搭檔奧維多參選的副總統候選人，因奧維多遭法院判決有罪喪失資格，才遞補為總統候選人。因此，真正握有政治實力的是奧維多，古巴斯只是奧維多的替身而已。然而，副總統阿甘納卻是奧維多的政敵，而且未來可能接替古巴斯競選 2003 年的總統。為此，奧維多企圖運用各種手段，改變這樣的局勢，以利他競選下任總統。奧維多利用激進的言論煽動支持者造反，並透過立場相近的媒體要求與行政機關對立的最高法院法官辭職，以及解散國會。

因此，整個政治危機逐漸升高為暴力衝突，而且最後副總統阿甘納竟在街頭遭人槍殺身亡。奧維多原先以為阿甘納身亡將引起無法控制的混亂局勢，因為古巴斯總統會順勢宣布緊急命令，關閉國會。如此一來，奧維多就可以經過政治交易，獲得司法赦免，順勢成為總統接班人。然而，暗殺事件後，巴拉圭民眾群情激憤，紛紛譴責與抗議被認為是主謀的古巴斯與奧維多。1999 年 3 月 23 日，面對國會可能遭到解散以及親奧維多人士將攻擊國會大廈的渾沌局勢，大批民眾群聚在國會大廈前的廣場，以具體行動捍衛與擁護國會的決心。

二、三月流血事件與古巴斯辭職

巧合的是，事件發生時正好有上萬名農民欲前往國會廣場要求減免債務，最後農民加入了抗議行列。勞工階級也加入其中，並且號召無限期罷工直到縱容奧維多的古巴斯辭職下臺。在奧維多的控制下，警方採用噴水車、橡皮子彈與鎮暴部隊，對付在國會廣場抗議示威的群眾。3 月 26 日，因為始終無法有效驅散抗議群眾，官方下令對抗議民眾開槍以期驅散人群，或是製造混亂局勢。

雖然警方已用盡各種方法包括開槍，但終究無法驅散抗議群眾。古巴斯下令駐紮在距亞松森 70 公里外的戰車部隊前來首都鎮壓。但亞

圖 43：古巴斯

1943 年出生於亞松森。1967 年畢業於巴西里約熱內盧天主教大學電子工程系。畢業後隨即進入巴拉圭電力公司擔任工程師。1979～1988 年間擔任私人企業經理並承攬許多公共工程建設，累積巨大財富。1994 年，瓦斯莫西總統延攬他出任「經濟暨社會計畫處」執行祕書，兩年後出任財政部長。擔任財長不到 3 天即因與軍方過從甚密，在奧維多的政變失敗後辭職下臺。1998 年，奧維多因故被取消參選總統資格，古巴斯取而代之成為紅黨的總統候選人。上臺後隨即實現諾言釋放奧維多，引發 1999 年 3 月 23 日的憲政危機。3 月 29 日被迫辭職下臺，流亡巴西尋求政治庇護。圖為 2005 年 2 月古巴斯前往法庭受審情形，審查其在 1999 年 3 月流血衝突中的責任。

松森居民把各種車輛停在道路上阻止軍隊裝甲車輛行進，廣場四周也被障礙物及人群包圍不讓坦克進入。同時，眾議院早在 24 日就通過需要 2/3 多數同意的彈劾案並交由參議院繼續進行彈劾程序。眼見情勢越來越不利，古巴斯最後同意參議院及南方共同市場成員國總統共同斡旋的結果，宣布辭去總統職務獲得巴西政治庇護，流亡巴西；奧維多也得到阿根廷的政治庇護，流亡阿根廷。

第七章 世代交替的前景與挑戰

第一節　世代交替局勢混沌

一、岡薩雷斯馬奇接任總統

1. 聯合政府的成立與破局

1999 年 3 月 29 日，巴拉圭總統古巴斯被迫辭職流亡巴西，及副總統阿甘納於先前遇刺身亡，參議院議長岡薩雷斯馬奇依《憲法》規定宣誓就任巴拉圭總統。在巴拉圭群龍無首，政局混亂之際，新政府能順利接棒多賴美國、歐洲多國及南方共同市場成員國的居中斡旋、協調。

古巴斯辭職後尚餘 4 年 5 個月的任期，依巴拉圭《憲法》第 234 條規定必須重新舉行大選。然而，4 月 29 日最高法院卻宣布岡薩雷斯馬奇可以做完古巴斯留下的任期直到 2003 年，只需補選副總統。當時巴拉圭國內民意都認為最高法院的解釋文有助穩定國內混亂的政局，而且當時國內沒有任何政黨做好準備參加新的大選，此外，巴拉圭民眾也極度厭倦頻繁的選舉。況且，各政黨缺乏民眾的信任感，也缺乏選舉所需的資金。然而，各政黨更害怕的是流亡阿根廷的前將軍奧維多，仍擁有大批的支持者，足以翻雲覆雨，左右大選。

令國內驚訝的是，岡薩雷斯上任後宣布將廣邀國內各黨派組成聯合政府，並宣布四席部長由反對黨人士出任。雖然新政府中仍不乏史托斯納爾時代的人物，但整體而言，組成聯合政府獲得各方的好評和支持。

然而，自由黨的內部危機，導致聯合政府提早破局。1999 年 8 月 18 日，真正激進自由黨以政策未獲新政府支持為由，打算退出聯合政府。面對此情勢，岡薩雷斯解除自由黨人士華格納 (Luis Alberto Wagner) 農牧部部長的職務。在尋找繼任人選時，引爆自由黨新的內部危機。後來經過艱困的協商，敲定由自由黨的眾議員丹尼斯 (Oscar Denis) 於 8 月 26 日宣誓就職。另外，巴拉圭政府要求引渡奧維多遭阿根廷拒絕所引發的外交危機，也導致自由黨人士出任的外交部長去職。最後，政府在編列 2000 年國家總預算時未諮詢自由黨，因此自由黨於 2000 年 2 月 6 日宣布退出聯合政府。

事實上，岡薩雷斯政府上任數月後即面臨嚴重的信任危機。一般認為岡薩雷斯政府宛如犯罪集團，助長並參與掠奪各項利益，而且缺乏有能力的官員與適當政策來解決巴拉圭所面臨的各項困難與危機，民眾不滿情緒與日俱增。

總而言之，岡薩雷斯籌組的聯合政府最終宣告失敗。在經濟上，他無法改變巴拉圭經濟衰退、停滯的不利局面；政治上，情勢顯示，並非所有反對派都心甘情願在聯合政府中為紅黨作嫁、背書；社會方面，顯示聯合政府對社會問題反應遲鈍，而且缺乏解決日益普遍，日趨惡化的社會問題的意願。

2.2000 年 5 月的失敗政變

2000 年 3 月，在 1999 年 3 月事件滿一週年且社會普遍瀰漫不滿，以及質疑岡薩雷斯政府的合法性之際，出現多股社會街頭遊行活動。其中有部分表示支持，另一股勢力則強烈反對政府。在 3 月 15、21 及

圖 44：2000 年 3 月 15 日農民示威活動

27 日的各項示威活動中，其中以農民組織全國協調會所動員的 1 萬 5,000 名農民群眾群聚首都亞松森的實力最龐大。另外還有其他工會及社會陣線的各路人馬。這場示威活動，明確、廣泛的表達民眾對政府的普遍不滿。雖然不斷受到政府的威脅、恐嚇以及缺乏資源，但它卻是人數最眾多也最具代表意義的一場示威遊行。在 1 個半月之後，即 5 月 18 及 19 日退伍軍人、現役警察及民間人士發動政變，攻佔亞松森的多處軍警單位及媒體，迫使政府宣布進入緊急狀況，軍方對叛變進行嚇阻的行動。當時美國南方司令部曾表示準備介入，但巴拉圭軍方回應有能力控制局勢，無需外力介入。

政變活動最後戲劇性收場。政府很快收復被攻佔的警察單位，而攻佔軍方的叛軍也自行繳械，沒有造成任何傷亡。值得注意的是，社會大眾完全置身事外，漠不關心這場政變。直接參與政變的退伍軍人，除了逃脫者外全數被捕。雖然政變迅速被平息，但也突顯巴拉圭民主政治的脆弱與不穩固。此外，這次政變也令大眾質疑岡薩雷斯政府能否做完任期。而且，反叛勢力輕易攻佔軍警單位，也顯示這些官方的安全單位，訓練與設備不足。總之，這場政變使得岡薩雷斯政府決定將陸軍第一軍區遷移到其他省分，以遠離中央政府所在地。此外，岡薩雷斯政府也深刻了解，政變時政府雖然疾呼民眾群起對抗政變、捍衛巴拉圭民主，但是民眾卻冷漠回應，可見政府已完全失去民心。

3. 副總統的補選

2000 年 5 月的失敗政變後，巴拉圭民眾普遍懷疑將於 8 月 13 日舉行的副總統補選的意義。4 月 30 日，自由黨在只有 21% 的黨員投票下，推選佛朗哥 (Julio César Franco) 為該黨副總統候選人。至於紅黨黨內初選也在只有 27% 黨員投票下，推出遭暗殺的前副總統之子小阿甘納 (Félix Argaña) 參選，最後由佛朗哥當選。這次的副總統補選是紅黨多年來首次失守，也是自由黨自 1939 年以來，首次在大選中獲勝。這次選舉也創下巴拉圭史上正副總統分屬不同政黨的罕見例子。

國際觀察家認為此次大選過程嚴謹、公正。雖然佛朗哥僅以不到 1 萬票的些微差距擊敗對手，但並沒有造成任何風波。佛朗哥依法就職，這顯示巴拉圭政治發展的成就。值得一提的是前政變領袖奧維多將軍在選戰中公開支持佛朗哥，並持續質疑岡薩雷斯總統的合法性，而且不斷要求他辭職下臺。因此，這次的大選失利使得紅黨高度警覺，奧維多及其支持者的動向足以左右 2003 年 5 月舉行的總統大選。

4. 岡薩雷斯政府施政得失

因為岡薩雷斯是遇刺的副總統阿甘納的盟友，所以在紅黨內阿甘納派的支持與自由黨及其他政黨協商支持下，最後宣布成立聯合政府，讓巴拉圭取得某種程度的穩定。然而這種穩定的情勢如過眼雲煙，政治情勢依然混沌複雜，各政黨間關係緊張。

隨著新政府的上臺，巴拉圭多年來的危機更加惡化。而且很快造成廣大社會民眾的不滿，甚至要求岡薩雷斯總統必須辭職下臺。由農民、勞工、運輸業者、教師所舉行的反岡薩雷斯及其政府的街頭示威遊行，幾乎每週不斷上演。此外，媒體也強烈要求更換政府。政治階層也不甘示弱，伺機提出罷免行動。紅黨的一些派別及副總統也都參與其中，這些跡象顯示政府正面臨混亂的局面。岡薩雷斯最常遭受的

表 18：巴拉圭 1997～2000 年外債

年　份	1997	1998	1999	2000
外債（百萬美元）	1,473	1,599	2,373	2,491
外債佔國民生產毛額	14.74%	18.8%	27.23%	32.25%

批評是他未經大選上臺，使得他執政的合法性不斷受到質疑與挑戰。另外，反對他的人士也常質疑他的執政能力。但是最傷害岡薩雷斯政府形象的是貪腐事件層出不窮，比前幾屆政府，甚至史托斯納爾政府獨裁時代，都有過之而無不及。許多人士認為，岡薩雷斯政府的貪污行為是政府各層級制度化地掠奪公共資源，並將貪污「民主」化了。

整體而言，岡薩雷斯執政期間政府效率不彰、貪腐嚴重、財政貧窮以及建設落後。甚至天主教會都公開指責，巴拉圭已經淪為黑道治國。此外，雖然國家的經濟狀況不完全是他的責任，但主要的經濟指數在其任內不斷惡化。2000 年，失業率增加 2%，達 18%。另一方面，外債總額從 1999 年的 23 億 7,300 萬美元，增加為 2000 年的 24 億 9,100 萬美元，佔國內生產毛額的 32.25%。

再者，民眾對國內的政治及經濟情勢都相當悲觀。2000 年 8 月 13 日的副總統選舉，使得副總統比未經選舉而依法繼任總統的岡薩雷斯更具合法性與代表性，兩人的政治差異與分歧在所難免，也為不穩定的巴拉圭政治情勢增添另一項變數。

2000 年副總統補選獲勝後，自由黨不再要求未經選戰的岡薩雷斯總統下臺，也不再要求內閣大幅改組。自由黨承諾支持政府通過經濟改革方案，並擔負起扮演忠誠反對黨的角色。雙方的大部分政治人物都要求團結，以推動全國上下認為刻不容緩的經濟改革。雖然如此，巴拉圭的總體經濟仍然欲振乏力。1995 年中以來，農業及邊境貿易嚴重停滯，巴拉圭的經濟發展更是雪上加霜。1998 至 2000 年國內生產毛額成長分別為 –0.4%，0.5% 及 –0.4%，比 1997 年的 2.4% 衰退許多。1999 年貿易赤字因進口下滑，由 1998 年佔國民生產毛額的 2.2% 降為

1.5%，但 2000 年又回升為佔 2.0%。通貨膨脹則由 1999 年的 5.4% 上升為 2000 年的 12%。

2000 年，巴拉圭長久以來的獨裁主義、非法走私、急遽增加的貧富人口、文盲、失業、犯罪增加及制度不健全等問題都更加嚴重。這些負面的因素促使民眾不斷走向街頭，也促使各級公務人員無所不用其極的瀆職、貪污。在上任短短的一年內，岡薩雷斯政府的可信任度完全破產，70% 的民意認為岡薩雷斯政府的執政糟透了。總而言之，岡薩雷斯政府像史托斯納爾獨裁政府一般壓迫民眾。在不到兩年間，有近 30 名民眾因遭受政府的拷打、淩虐致死；他執政時期比前期的瓦斯莫西政府貪腐更嚴重，政局更不穩定。此外，他從 1999 年 3 月接任總統後無法推出有效的經濟方案，以帶領巴拉圭走出 7 年來經濟長期停滯、落後的情勢。而且 2002 年危機更加嚴重，財政崩盤、通貨膨脹高達 14.6%、瓜拉尼幣空前貶值 51%、經濟衰退 4% 等，而且為了維持瓜拉尼與美元的兌換率，中央銀行的儲備金大幅減少。2002 年底，岡薩雷斯政府無法獲得國際貨幣基金組織 200 萬美元的臨時貸款，藉以償還國內外將到期的債務。

二、杜瓦特執政時期

1.2003 年 4 月大選

在岡薩雷斯政府貪腐、無能的政治氛圍下，巴拉圭舉行 2003 年總統大選，主要的候選人有紅黨的杜瓦特 (Nicanor Duarte Frutos)、真正自由黨的佛朗哥 (Julio César France) 以及親愛的祖國運動 (Movimiento Patria Querida) 的華度 (Pedro Fadul) 等。這次的大選有三個新鮮有趣的現象，首先是支持岡薩雷斯執政的全國會聚黨 (Partido Encuentro Nacional) 因為名聲不佳，在這次選舉中完全崩解，一般認為全國會聚黨一直受到紅黨的操控；其次，此次大選中新成立的國家公民道德聯盟黨 (Partido Unión Nacional de Ciudadanos Éticos) 危及紅黨的穩固基石，因此紅黨多方阻撓該黨登記參選；第三，更值得關注的是親愛的祖國運動的領導人華度是一位轉戰政壇的成功企業家。華度發覺全國會聚黨的土崩瓦解是因為它的許多領導人因為政府釋出的職位或獲得利益而被收買。另外，他也察覺到全國會聚黨的失敗，讓廣大群眾大感失望。而且，自由黨也沒有能力成為執政黨。因此，華度把握此天賜良機，提供該黨作為巴拉圭選民的另項選擇。

2003 年 4 月大選在三強鼎立、龍爭虎鬥下，雖然紅黨贏得最後的勝利，但是得票率卻每況愈下，杜瓦特僅以 37.14% 的相對多數選票當選總統。華度所領導的親愛的祖國運動初試啼聲，就獲得 21.28% 的選票，誠屬難能可貴。自由黨只獲得 23.95%，選票比 1993 年大選的 32.13% 下降許多。這代表在野黨再次於大選中失利。

在眾議院選舉中，紅黨獲得 80 席中的 37 席，尚缺 4 席才能過半穩定執政。但是這對紅黨不是難事，只要從其他黨找幾個「逃兵」就夠了。不過在參議院 45 席中，紅黨卻只獲得 16 席，還差 7 席才能過半。也許這種形勢對巴拉圭是件好事，因為這代表各方勢力均衡。親愛的祖國運動在參眾兩院選舉中表現不如總統大選，僅獲得 10 席眾議員及 7 席參議員，但已經足以扮演關鍵性的角色。

2. 杜瓦特總統的作為

⑴政治發展

2003 年 8 月 15 日，杜瓦特就任巴拉圭總統並與反對黨達成協議將對最高法院及政府進行改革。但是這項協議很快就破局，因為政府體制沒有任何改造，而且貪腐情事仍和前任政府一樣層出不窮。

此外，杜瓦特政府只是史托斯納爾軍事獨裁政權所產生的寡頭政府的延續。他的政府實施新自由主義政策，並遵循美國所主張的民主政策。在此政策下，對抗群眾運動與革命運動的新思維，取代冷戰時期所實行的國家安全理論。杜瓦特政府並不打算實施任何土地與社會的改革，因為這些改革將直接影響他們的利益。紅黨自從 66 年前執政以來，一直是土地、財富集中以及其他利益的獨佔者與受益者。

雖然杜瓦特總統上臺後，承諾將終結日益嚴重的貧窮及貪腐問題。

但是在首都一家商業中心大火，以及前總統古巴斯的女兒遭劫持、殺害後，杜瓦特坦承這些事件與巴拉圭日益惡化的貪腐風氣有直接與密切的關聯。

2006 年 3 月 8 日，巴拉圭最高法院裁決總統杜瓦特可同時兼任執政黨紅黨的黨主席。反對黨認為這項裁決違反巴拉圭《憲法》第 237 條正副總統不得兼任黨主席的規定，這也同時造成廣大社會民眾的不滿。3 月 28 日，約 1 萬名群眾包圍總統官邸，表達對總統的不滿及唾棄，

圖 45：杜瓦特　1956 年 10 月 11 日生於巴拉圭中部的奧維多上校鎮的工人家庭。年僅 14 歲就在父親的主導下加入紅黨。1970 年代從家鄉到首都亞松森學習法律和政治學，畢業後第一份工作是到報社當記者，成為著名的政治專欄作家，同時也在亞松森國立大學教書。1989～1993 年，杜瓦特曾擔任羅德里格斯政府的教育部副部長。1993～1997、1999～2001 年曾兩度出任教育暨文化部部長，2001 年出任紅黨主席。2003 年 4 月當選巴拉圭總統，他是巴拉圭有史以來首位非天主教徒的總統。2008 年 6 月 2 日，杜瓦特向國會提出辭呈，提前結束任期。同年 8 月 26 日宣誓就職參議員。杜瓦特雖然曾經身為媒體人，但是主政期間卻與媒體交惡。剛上任後，他就常嚴厲抨擊巴拉圭的主要媒體，特別是指控各媒體的領導階層，領導無方、經營不善。杜瓦特也經常質疑各媒體老闆財產的來源及去向。雖然杜瓦特曾自信滿滿的表示，巴拉圭紅黨不會重蹈墨西哥革命制度黨在 2000 大選失去長達 70 年政權的覆轍。然而，他所領導的政府卻在 2008 年大選中，讓紅黨將執政 61 年的政權拱手讓人，成為紅黨的歷史罪人。

並要求最高法院宣布這項爭議性裁決的 5 名大法官辭職下臺。這項示威活動由反對黨所發起並由聖彼得教區的主教魯戈 (Fernando Lugo) 領軍，群眾大多是自發性，也有不少是紅黨的黨員。魯戈在 2008 年當選總統。

隨後，杜瓦特打算召開修憲大會，進行包括允許總統得以連選連任等修憲案。這項舉措也遭到各方的強烈抨擊，甚至紅黨的國會議員也不支持杜瓦特修憲連任的行動，最後紅黨推出教育部長奧薇拉爾 (Blanca Ovelar) 作為該黨 2008 年總統大選的候選人。而杜瓦特則捨棄《憲法》明訂卸任總統得轉任終身參議員的規定，不過終身參議員只有發言權沒有投票權，因此杜瓦特登記參選參議員並順利當選。由於新當選的參眾議員必須在 7 月 1 日宣誓就職，因此杜瓦特向國會提出辭去 8 月 15 日才屆滿的總統職務，希望宣誓就職參議員，此舉又引起另一場政治風暴。

在國會參眾兩院佔多數的反對黨議員以杜瓦特競選參議員違憲為由，宣布將不參加會議以杯葛杜瓦特提前辭卸總統就任參議員的提案。而且紅黨內部反對杜瓦特的議員也宣稱將加入反對黨的行動，讓臨時會達不到法定開會人數。面對各方的杯葛，杜瓦特宣稱他以全國最高票當選參議員，而且根據《憲法》規定國會參眾議員有義務出席會議，決定接受或否決他的辭呈。雖然總統當選人魯戈曾表示贊成杜瓦特的作法，但他也表示尊重國會議員最後的決定。為此，執政的紅黨曾威脅將終止進行中的政權移交工作。不過最後還是在反對黨議員的阻撓下，杜瓦特的請求未獲批准。

一般民眾認為杜瓦特總統是巴拉圭現代史上最貪腐的總統之一，加上與媒體交惡，重創他個人及紅黨的形象。此外，他一直無法說清楚、講明白為何浪費及虧空國庫，終於形成一波波民眾抗議的浪潮。

⑵經濟與社會情勢

經過 20 年的停滯後，巴拉圭的經濟在 2003～2008 年杜瓦特執政期間，呈現緩慢但穩定的成長。2007 年經濟成長更高達 6.8%。此現象大部分歸功於黃豆及肉品生產及出口的大幅增加，以及這兩種產品國際價格攀升。目前，巴拉圭是世界上第五大黃豆生產國及第四大出口國。然而，這樣的快速經濟成長主要立基於土地集中在少數人手中，因此其利潤只落在少數的黃豆種植主、牧場主以及貪污的官員身上。2007 年，巴拉圭 620 萬人口中有 35.6% 生活仍然貧窮。而且生活極度貧窮的比例由 2005 年的 15.5% 上升為 2007 年的 19.4%。諷刺的是，這段期間巴拉圭的出口值成長 3 倍，由 2005 年的 10 億美元增加為 2007 年的 30 億美元。因此，農村年輕及貧困的青年無法享受經濟成長的果實，從 2002 年以後他們大批移民歐洲國家。2007 年，在西班牙大約有 10 萬的巴拉圭移民。

另外，巴拉圭的經濟長期以來受南共市其他成員國的影響，特別深受巴西與阿根廷經濟榮枯的影響。巴拉圭與阿根廷貿易往來密切，雖然經濟規模小，但仍難避免二十一世紀初阿根廷經濟危機的衝擊與影響。另外，巴西的經濟發展，特別是巴西幣大幅貶值，嚴重衝擊巴拉圭國內市場，大批的巴西貨物充斥巴拉圭市場，造成巴拉圭工業生產部門的嚴重危機。

此外，杜瓦特政府也面臨嚴重的債務危機，所幸及時與相關債權銀行簽署協定，延緩到期國家債券支付的期限，這些國家債券大部分都在 2006～2008 年到期支付，總金額高達 1 億 3,800 萬美元。為此，巴拉圭政府將發行新的美元債券。事實上，在杜瓦特上任初期的 2004 年，政府支付的到期債券金額僅 900 萬美元，2005 年增加為 2,100 萬美元，2006～2008 年則分別大幅增加為 3,400 萬、4,000 萬及 3,410 萬美元。杜瓦特政府表示，若政府未能支付到期債券，民眾可以用此債券抵稅。

另一方面，杜瓦特政府也無法有效解決土地集中在少數人的社會現象。在巴拉圭 1.1% 的大地主掌控全國 77% 的土地，而 82.7% 的小農卻只擁有全國 6.2% 的可耕地，這現象造成小農失業及更加貧窮。在巴拉圭大約有 30 萬戶農家沒有耕地，也沒有工作機會。而且因為農民

圖 46:「無殼蝸牛的怒吼」2008 年 4 月無殼蝸牛族在亞松森示威抗議，希望杜瓦特政府能關注嚴重貧富不均的社會現象，後來演變成衝突事件。

無地、農村失業現象嚴重，迫使大量農民移居城市，造成城市嚴重缺乏住屋。這導致在亞松森及東方市等大城市，社會衝突越來越嚴重。城市失業率高達 45%，因此 49% 的民眾處於貧窮或極度貧窮的狀況。

事實上，杜瓦特上臺後仍然以農業出口為其主要發展模式，同時也相當程度受制於國際貨幣基金組織。其政府逐步進行國營企業私有化，並持續加入南方共同市場的整合，這造成巴拉圭中小型農工生產部門衰落及破產。多年來，工業部門生產停滯不前，只佔國民生產毛額的 17%，杜瓦特政府無法提出任何有效的替代方案。不過，杜瓦特政府上臺後，並沒有加入委內瑞拉、玻利維亞等國推動的美洲玻利瓦爾替代方案，而是向右轉，往美國的布希政府及哥倫比亞的烏利維 (Álvaro Uribe) 政府靠攏。

杜瓦特執政時期，巴拉圭的群眾運動發展達到高峰，藉由街頭示威遊行迫使政府暫停私有化運動，以及迫使眾議院不敢貿然通過美國大使館所交付的《反恐怖法》。巴拉圭富有階級擔心這種革命傾向的群眾運動，最後可能成立一個極左派政府。為此，杜瓦特政府極力取締這種群眾及社會運動，使紅黨的富有階級能持續在巴拉圭執政。同時積極與哥倫比亞與美國進行軍事合作，打擊日益威脅其政府的游擊隊活動。另外，杜瓦特政府允許美國在巴拉圭與玻利維亞的邊境地帶建立軍事基地，以便快速運送軍隊與武器干涉南美洲國家的事務。

⑶對外關係

杜瓦特上臺後主張強化與南方共同市場的整合並與安地斯共同體形成更大的整合體進一步捍衛南美並讓南美更加團結，以便更有尊嚴地與美國及其他國際組織談判、協商，為南美人民爭取更大的福利。此外，他也強調巴拉圭應將目標瞄準歐盟、亞太及其他新興的市場。另一方面，鄰國巴西也承諾將提供相關資源協助巴拉圭發展及減少在南共市的貿易逆差，但要求巴拉圭有一個嚴謹、穩定的政府，以對抗仿冒、貪腐以及在邊境的洗錢活動。

2005 年，巴拉圭政府及國會決定同意讓美國軍隊駐紮並擁有豁免權，這再次公開侵犯巴拉圭的主權。美國希望以巴拉圭為中心基地，以便快速軍事干預南美各國。因為南美地區民眾抗爭運動蓬勃發展、左派及激進政府相繼成立，而且社會大眾反抗新自由主義日趨激烈，此外，美國的這項戰略主要是考量南美擁有豐富的石油、天然氣、水力及森林等戰略性的天然物資。

杜瓦特就任後，一改紅黨前幾任政府的保守政策，反對實施新自由主義經濟政策及成立美洲自由貿易區；尋求與拉美國家政府合作，例如與委內瑞拉總統查維斯多次協商，讓委內瑞拉以優惠價格出售石油給巴拉圭。此外，他也與巴西的盧拉及阿根廷的基什內爾政府維持良好關係，以強化南方共同市場的運作。然而，杜瓦特政府決定讓美軍駐紮巴拉圭實施聯合軍事演習，以及建立軍事基地來對抗販毒和恐怖主義，遭到許多拉美國家政府的嚴厲抨擊。

另一方面，進入二十一世紀後，巴拉圭黃豆生產已取代木材、馬黛茶成為巴拉圭主要的經濟活動和出口商品。黃豆生產佔巴拉圭國內生產毛額的 10% 以及外銷出口的 40%。然而黃豆的生產與巴西產生極大的衝突。據統計在巴拉圭的巴西人及其後裔約有 50 萬人，這些人大都在邊境地帶種植黃豆且不斷往巴拉圭境內擴充，侵佔巴拉圭農民及印地安人的土地、牧場及森林地帶。1995～2006 年間，巴拉圭黃豆種植面積成長 4 倍，由 73 萬 5,000 公頃成長為 240 萬公頃，佔巴拉圭可耕面積 25%。對於巴拉圭的黃豆種植，巴西提供資金、技術及勞工並運用巴拉圭土地便宜且較肥沃的有利條件，大量在邊境地區種植黃豆。這種情形引起巴拉圭農民的嚴重關切，呼籲政府重視此問題。

巴西人在巴拉圭大量種植黃豆將使巴拉圭長期依賴單一作物的情況更加嚴重。而且巴西的先鋒開墾人員透過燒毀、黑道施壓以及小型的准軍事部隊，驅逐成千上萬的巴拉圭農民。迫使許多農民遷徙到亞松森、東方市，或前往阿根廷、西班牙或美國等地。大部分的巴拉圭人則透過天主教會的支持進行抗爭，或直接圍堵、燒毀作物，以阻止巴西殖民者的擴充。

第二節　政黨輪替——魯戈執政

2008 年 4 月巴拉圭大選，魯戈當選總統終結紅黨長達 61 年的政權。這也是巴拉圭史上首次政權和平轉移，以及中間偏左政黨第一次掌權。然而在魯戈上臺數月後，執政道路困難重重。首先，魯戈新政府面臨農牧企業主抗拒提高稅賦；而且與巴西重新談判伊塔普水力發電廠合約，也造成雙方關係緊張；再者，由於朝小野大，國會極力杯葛政府舒緩經濟危機的緊急方案。

一、魯戈上臺的契機

2008 年大選，長期執政的紅黨信誓旦旦要贏得大選，因此早在 2006 年 12 月就舉行總統候選人初選。黨內激烈競爭後，參議員奧薇拉爾擊敗對手成為紅黨總統候選人。她也因此成為巴拉圭歷史上首位女性總統候選人。2006 年底，魯戈也在近 10 萬民眾連署敦促下，宣布以「變革」為口號參選。但是，為了進一步加強反對黨競選聯盟的實力，共同對抗實力雄厚的紅黨，2007 年 7 月中旬，魯戈與最大反對黨真正激進自由黨協商，同意由該黨主席出任反對派聯盟副總統候選人。至此，真正激進自由黨與 13 個反對黨、政治運動及 120 個工會組織聯合而成的「愛國變革聯盟」(Alianza Pariótica para el Cambio) 正式形成。2007 年 9 月，魯戈正式被推舉為該聯盟總統候選人。

魯戈在成為總統候選人之後，歷次民調都一直居於領先地位，執政的紅黨將他視為最大勁敵，並透過不同管道向他發出死亡威脅，但魯戈都不為所動，因此個人聲望再度飆升。在選前最後幾個月，魯戈深入基層，遍訪偏遠的農村、貧民區，廣泛接觸群眾。然而大選前各大陣營都對他進行各種形式的抹黑，稱魯戈與哥倫比亞游擊隊革命武裝力量關係密切並受其支持。政敵們也一再聲稱委內瑞拉查維斯總統提供魯戈大量競選資金，甚至挖苦他的身世，但魯戈的支持率始終領先。2008 年 4 月 20 日的大選中，魯戈以 10% 左右的差距，獲得歷史性的勝利，終結紅黨長達 61 年的政權。這次大選投票率達 65.76% 是巴拉圭多年來最高的一次。魯戈的參選重新喚起對政治心灰意冷的民眾的參政熱情。

這次大選魯戈能一舉打敗執政 61 年的紅黨候選人，主要有下列諸多因素。首先，魯戈的競選綱領順應民眾求新思變的訴求。紅黨執政 61 年來，貪污成風、腐敗問題嚴重，司法機構缺乏公信力。而且巴拉圭經濟成長緩慢，貧困率仍高達 60.5%，且社會治安每況愈下。因此，魯戈以變革為訴求，將實現社會正義、嚴厲打擊貪腐列為施政重點。在政治方面，主張推行政府改革，增強公信力；改革司法體制，實現司法獨立以保證社會公正；在農業領域，強調維護失地農民和印地安人等弱勢群體的利益，同時主張以 1 億 5,000 萬美元外匯儲蓄進行農業改革，提供失地農民土地、貸款和技術。另外，他也提出「社會經濟計畫」，與社會各界廣泛合作，提供中小企業發展機會，創造就業，並透過建立和推廣中小型合作社，推動經濟發展和工業化進程；對外主張維護國家主權，特別是能源主權。這些措施貼近廣大中下層民眾的訴求，因此贏得廣泛的支持。

其次，魯戈成功組建反對黨競選聯盟。各反對黨總結歷次大選失敗的教訓，在 2007 年 9 月組建「愛國變革聯盟」，推舉魯戈和最大反對黨真正激進自由黨主席為正、副總統候選人，積極展開競選工作。而且競選過程中，魯戈強調盡力實現國內團結，沒有提出激進的主張，以消弭國內外投資者的疑慮，爭取到包括中產階級在內的廣大選民的支持。

第三，紅黨沉痾積弊，黨內分裂。首先，長期以來紅黨內部派系林立，總統杜瓦特領導的主流派雖在黨內佔有優勢，但控制力日趨下降。而且副總統卡斯蒂葛立歐尼 (Luis Castiglioni) 因不滿杜瓦特在黨內初選時力挺奧薇拉爾出任總統候選人與杜瓦特反目，並拒絕與奧薇拉爾合作。其次，原紅黨領袖奧維多以「全國公民道德聯盟黨」總統候選人參選，與奧薇拉爾競爭，拉走部分紅黨及其支持者的選票。第三，部分紅黨黨員對腐敗現象深惡痛絕，希望推動改革，如果奧薇拉爾當選，將延續現在政府的政策，故轉而支持魯戈。

二、魯戈面臨的挑戰

在獲勝後，魯戈表示將繼續傾聽人民聲音，並保持全國最大限度的團結。同時他也承諾將取締以往的裙帶關係和宗派主義，組建新議會。不過，他也坦率表示要立即消弭腐敗是不可能的，新政府當務之急是解決貧困問題。盱衡情勢，魯戈政府將面臨一系列的挑戰。

首先，魯戈以主教身分當上總統缺乏執政經驗，施政將受掣肘。魯戈所領導的「愛國變革聯盟」是一個成員龐雜的競選聯盟，上臺執政後如何平衡各派利益，保持團結並非易事。而且，聯盟中的第一大力量是真正激進自由黨，因此如何避免被真正激進自由黨控制而又能獲得其鼎力支持，是對魯戈政治智慧極大的考驗。再者，紅黨憑藉多年的執政基礎，在議會仍保持較強勢的力量，況且最親近魯戈的人士也僅獲得 5 個國會議員席次，因此顯而易見魯戈未來執政顯非易事。事實上，問題也很快就浮現。魯戈在執政最初的幾個月，應是府會蜜月期的階段，不過許多議案已經遭受國會的杯葛，而且必須承受來自政治及體制外的強烈反對。在各方勢力的環伺，特別是國會的杯葛下，魯戈要透過與巴西重新協商《伊塔普協定》(*Tratado de Itaipú*) 以收復國家主權，並執行全面土地改革以及擴大社會政策，都是相當困難的任務。

雖然巴西總統盧拉對於重新協商伊塔普水力發電廠事宜釋出善意，但巴西仍對許多的事項堅不讓步。根據當初雙方獨裁政府簽署的協議，多餘的發電只能賣給巴西，而且電價固定、不可協商。此外，土地改革也面臨難題。魯戈政府必須正視、迅速處理失去希望及耐心的無地農民不斷強佔土地的情況。另一方面，魯戈也面臨如何向佔巴拉圭最大出口額的大牧場主及黃豆種植主，收取更多賦稅的挑戰。農牧及黃豆業的產值佔巴拉圭國內生產毛額的 27%，並幾乎佔所有出口的總額。然而，根據巴拉圭財政部的統計，這些單位所繳交的稅賦，只佔其生產總值的 4%，極不合理。

另外，魯戈承諾執行社會政策則面臨缺乏財政資源的難題。雖然魯戈曾與農牧業者進行一系列協商，說明政府必須向巴拉圭獲利較佳的部門特別是農牧出口產業增加賦稅的原委，但仍遭到農牧業者的抗議、反對。提高賦稅的構想也因為上述因素及世界經濟危機而無法執行。此外，受到財團支持、左右的國會，再次延遲 4 年前已通過的《個人綜合所得稅法》的實施。

外交上巴拉圭與巴西關係緊張，不僅和重新談判伊塔普水力發電協議息息相關，也與農業問題有密切關係。目前約有 50 萬的巴西人在巴拉圭與巴西邊境從事農耕，這些巴西人也與巴拉圭人一樣享有免繳所得稅的優惠。再者，因為文化的不同，也讓雙方社會衝突更加複雜。

一般而言，巴拉圭人對這些巴西人相當反感、厭惡。這些巴西人擁有比較優良的技術、更多的資金以及祖國巴西所提供的市場保證，因此對巴拉圭農民造成很大的威脅。此外，邊境地帶黑社會把持的三角貿易及毒品走私，也對巴拉圭社會及人民造成很大的困擾與威脅。

總而言之，雖然在大選中勝出，魯戈政府受到來自媒體、國會以及商會等團體強烈要求制止來自農民的社會示威運動。商會也極力抗拒魯戈政府加稅的計畫。這使得政府缺乏足夠財源解決 40% 的巴拉圭民眾處於貧窮及 20% 生活在極度貧窮的嚴重社會問題。

巴拉圭積重難返，改革困難重重。長期以來，巴拉圭政局動盪，經濟停滯，社會貧富分化懸殊，失業率高，惡勢力猖獗。魯戈的改革勢必觸動這些團體的既得利益，阻力將很大。雖然魯戈一再承諾將改變這個腐敗盛行、走私猖獗的國家，而且保證將改善窮人生活，創造就業機會，吸引僑民回國，但是改革之路仍阻礙重重。第一，魯戈競選時雖高舉反貪腐大旗，但迄今缺乏具體可行的措施。其次，推動土地改革，還地於民，勢必加劇與長期操縱巴拉圭政壇的大地主集團的矛盾，若處理不慎，可能導致政局動盪。第三，新政府剛上臺，警察、軍隊等強勢部門還受紅黨控制，因此短時間內難以改變政客、軍隊、警察與黑社會沆瀣一氣的局面，也無法實行真正有效的司法改革。

三、魯戈執政的評價

1. 內政作為與評價

不可諱言的，魯戈上臺後廣大勞動民眾重新燃起希望的火花，並深信魯戈能為他們帶來真正的變革。魯戈自認是支持他的各個政治勢力的領頭羊，並表示在意識形態上，自己既不是右派也非左派，將走中間路線。但巴拉圭學者卻認為巴拉圭的社會由不同層級組成，並為爭取、捍衛各自的利益而相互對抗競爭。因此，客觀而言，魯戈不可能維持中間路線，討好各階層勢力。評論家也指出，魯戈上任後並沒有限制及約束資本及帝國主義在巴拉圭的發展，他欺騙民眾對他所抱

圖 47：魯戈

魯戈堪稱巴拉圭的傳奇人物，2006 年魯戈辭去天主教大主教職務，投身政治。只用了短短的兩年時間，這位政壇新星便一舉登上國家元首寶座。

1949 年 5 月 30 日，魯戈出生於聖彼得省的貧寒家庭，此省是巴拉圭最貧窮的省分之一。由於父母收入微薄，魯戈從小就備嘗窮苦人家的飢餓與困窘。幼年時，家人因反對當時的軍政府而遭迫害，這使魯戈的成長充滿艱辛。此艱苦的環境，為魯戈的內心埋下改變社會現狀、尋求公平正義的種子。中學畢業後，為了避開當時獨裁政府規定教師必須加入紅黨，他到偏遠山區的中學任教，並時常與年輕人探討政治，針砭時弊。同時，魯戈也對巴拉圭貧富分化加劇，社會矛盾激化的情況，憂心不已。此後，他進入亞松森天主教聖母大學攻讀神學。大學畢業後，魯戈於 1977 年晉鐸為神父，並前往厄瓜多等地傳教。在當地，他接觸廣大的印地安人民，並受到當時拉美盛行的「解放神學」思想的影響。該思想主張照顧弱勢族群，化解社會矛盾，這也成為他後來從政的主導思想。在國外輾轉多年後，魯戈回到巴拉圭。他經常穿著涼鞋，在巴拉圭的貧窮地區傳教，因此非常了解下層民眾的疾苦。

1983 年，魯戈因反政府言論被驅逐出境。1987 年，因巴拉圭當局管制放鬆，毅然返國。由於勤學以及不斷地鑽研與奉獻，1994 年魯戈被任命為其家鄉聖彼得省的大主教。雖然晉升為大主教，魯戈並沒有與上層社會的驕氣與腐敗沆瀣一氣。他在傳教中倡導社會公平，維護窮人利益，因此被稱為「窮人的神父」。2005 年，魯戈人生道路出現重大轉折。當年，他傳教的聖彼得地區發生無地農民搶奪莊園主農田的衝突，魯戈毫不猶豫站在農民一邊，因而得罪教廷。而且，巴拉圭《憲法》規定神職人員不可過問政治，也不能競選公職。因此，魯戈索性於2006年初辭去大主教職務，投身政治。2006年3月，魯戈聯合138個左翼團體、工會和群眾組織，率領4萬群眾到國會前示威抗議，爭取公民合法權益，大獲成功。因此魯戈一舉成為巴拉圭政治舞臺的新星，但當時的執政者似乎對這位政壇新秀估計不足，並沒有意識到羽翼漸豐的魯戈會對其執政造成多大的威脅。

2006年底，10萬群眾連署督促他參選。在慎重考慮後，魯戈宣布以「變革」為口號參選。2007年7月中旬，魯戈與自由黨達成協議，同意由該黨主席出任副總統候選人。至此，由反對派組成的愛國變革聯盟正式形成。2007年9月，魯戈正式被推舉為該聯盟的總統候選人，並在歷次的民意測驗中，支持率一直領先。這時，紅黨終於將他視為最大的威脅，並對他進行各項抹黑且展開攻勢強烈的媒體戰，但這些都不能動搖民眾求變的決心以及魯戈居高不下的支持率。2008年4月20日，魯戈以10%的差距勝選，終結紅黨在巴拉圭長達61年的執政歷史。魯戈是第一個成為國家總統的羅馬天主教大主教。

2008年8月15日，魯戈上臺後打破歷任總統的傳統。首先是穿著大眾化。魯戈酷愛平民裝束，拒絕國際知名品牌免費提供治裝。他平日喜愛穿休閒裝及涼鞋出席公眾活動，這種穿著風格迅速成為巴拉圭的時尚。此外，魯戈是巴拉圭1928年以來第一位單身總統，因此將由他的姐姐擔任第一夫人的角色。而且魯戈也表示將不會聘請專業廚師，而希望由姐姐擔任大廚角色。魯戈最喜歡奶酪與菜豆湯等平民家常菜，不喜歡吃大餐。另外，生性儉樸、不愛奢華的魯戈也拒絕入住歷任總統所住的官邸，並計畫將官邸改造為會議中心或博物館。此外，對於長久以來汲汲營營並且利用職務大飽私囊的紅黨人士而言，魯戈是個古怪的人物。他不想鑽營致富，沒有將國家視為勝選後的戰利品，甚至放棄當總統該得的薪俸。這些作為使得紅黨不知所措，亂了分寸，失去攻擊的焦點。在領導上，魯戈著眼於擘劃大政方針，不對任何枝微末節回應，並放手各部會首長大展身手。

2012年6月21日及22日，巴拉圭眾議院及參議院以魯戈無能，分別快速通過彈劾案，魯戈被迫下臺。

持的信任與希望，這顯示出他的執政是紅黨政策的延續，在某些領域甚至比紅黨更糟。

魯戈任命前任杜瓦特政府時代的柏達 (Dionisio Borda) 出任財政部長，並與自由黨的企業及大地主集團達成協議。他上臺後實施以私人企業為主的經濟政策，並向美洲開發銀行 (Banco Interamericano de Desarrollo) 及世界銀行借貸 10 億美元，造成外債迅猛攀升。魯戈希望在 2023 年完成土地改革的歷史艱巨任務，但另一方面卻又殘酷的鎮壓佔據土地的無地農民。2009 年 10 月～2010 年 4 月在巴拉圭北部舉行 5 次軍警聯合演習，並在其中一個最動盪的省分宣布戒嚴。具體而言，魯戈的土地改革幾乎一事無成，不但農民沒有獲得土地，還造成許多農民受傷、被判罪或坐牢。另外，也有許多農民領袖遭警方殺害。土地改革失利，一方面因為政府擔心與黃豆田種植園主及畜牧業者等強大寡頭階級對立；另一方面魯戈政府更擔心國會、司法體系及農村企業主三者間的融洽、緊密關係可能形成強大壓力。事實上，魯戈政府上任後即使是很微不足道的改革，都不見容於巴拉圭傳統的經濟權力集團。甚至有國會議員誇大渲染魯戈徵收個人所得稅的方案是共產主義者的行徑。

另外，魯戈上任初期雖然曾經誓言掃除政府的貪腐及裙帶關係，但不久後即辯稱，政府官員的家人也有工作的權利。魯戈政府上臺後並沒有鼎力協助窮人，更從未打擊富人及帝國主義的利益。另外，他開始迫害城市勞動階級，並對於企業主拒絕支付勞工最低薪資及社會保險等侵犯勞工權益的情事視而不見。同時，魯戈政府仍繼續執行紅黨杜瓦特政府時代的企業稅收政策，只對企業徵收 10% 微不足道且堪稱全球最低的營業稅。然而，巴拉圭寡頭階級仍持續要求政府降低營業稅。

對於魯戈上臺兩年多所採取的違反大眾權益的措施，支持魯戈的左派政黨不但沒有棄魯戈於不顧，反而處處為魯戈的作為辯護，將責任推給相關部會首長，同時呼籲支持者繼續對魯戈的施政抱持信心與耐心。另外，在國會佔多數的右派人士提議下，魯戈宣布戒嚴、通過《反恐法》，以及計畫修改《國內安全法》，以便讓軍隊在不需宣布戒嚴下就可全副武裝走上街頭維持秩序。對此，大部分左派團體還辯稱這是右派人士讓魯戈遠離基層民意的伎倆與陷阱。

平心而論，魯戈就任四年多來，所承諾的變革毫無進展，也因此造成民調不斷下降。同時，右派的反對黨也對魯戈猛烈抨擊，並威脅將以國會多數罷免魯戈，並盛傳不排除發動軍事政變。2012 年 6 月 21 及 22 日，巴拉圭眾議院及參議院以魯戈無能，快速通過彈劾案，魯戈被迫下臺。在南美洲，巴拉圭和玻利維亞一樣貧窮，也和中美洲國家相去不遠。巴拉圭貧窮民眾長久來累積的痛苦，已經無法平心靜氣等候政府緩慢推動社會政策，他們要求政府提出緊急有效率的解決方案。因此，民調顯示大部分巴拉圭民眾對政府的社會政策相當失望，這是對魯戈政府的嚴重警訊。不過健保領域相對而言有比較長足的進步，主要是因為政府對健保挹注的經費加倍成長，而且逐步實施免費醫療政策。

此外，魯戈上任後，對改革缺乏明確的目標與方針，事實上有兩個因素導致這個現象。一方面，魯戈政府與極左的馬克思主義者和傳統的右派意識形態極端不同，因此很難在意識形態及方案上產生共識；另一方面，魯戈本人態度躊躇，他希望討好愛國變革聯盟各方成員，不明確偏向任何一方。同時，巴拉圭立法及司法等其他單位有計畫地杯葛、封鎖魯戈的政策。在國會中，右派政黨成員佔絕對多數，因此強力杯葛魯戈政府任何激進的法案，並揚言仿照宏都拉斯模式罷黜魯戈總統，國會成為魯戈推動變革的最大阻力。

另外，為了著手處理金融危機對巴拉圭整體經濟的衝擊，魯戈採納新自由主義的方案，大舉外債。而且他原先構想成立制憲大會依照寡頭階級的要求進行修憲，在各方反對下，目前已絕口不提。最後，魯戈宣布將以 800 萬美元補助受到國際市場價格下滑的芝麻生產業者，此政策受到寡頭階級及媒體的一致抨擊。因此政策宣布隔天，魯戈便向來自各方的壓力讓步並宣布放棄此項政策。然而同時魯戈政府卻透過法律、行政及預算機制，對大地主、黃豆及畜牧企業主補貼。

魯戈政府的上述舉動，使得其政策明顯向右傾。主要是因為在國會、司法、省及縣市對魯戈施加壓力反對魯戈提出的任何激進政策。地方政府知道何時該支持或批評中央政府，更清楚了解當政府限制他們可掌控的空間時，該如何公開地反抗中央政府並打著鄉村包圍城市的戰略。

除了上述限制外，魯戈本人的態度也屈從於源自天主教的保守政策。魯戈總統似乎仍以主教自居，因此他認為最好的政策在於讓貧富成為一體，不分彼此。這項務實的政策觀點，讓魯戈決定繼續紅黨的執政模式。他不主導政策方針，而放手讓各部會首長自由操作。而且魯戈的政策與寡頭階級重新連結，以便延續他的政權。這造成巴拉圭國內外的社會運動及左派勢力的意見和力量更加分歧與分散，缺乏統一的政策方針，以迫使魯戈採取反寡頭階級的措施。雖然魯戈的民意支持度仍略高於 50%，但比 2008 年 8 月剛上任時的 70% 已下滑許多。因此如果魯戈在剩餘的任期內沒有採取戰略性的決策，其政府將岌岌可危。

2. 外交作為與評價

在對外關係上，一百多年來，巴拉圭為了本國的利益，其外交政策幾乎排除與其他拉美國家的互動，而只在巴西與阿根廷兩大鄰國間擺盪。然而魯戈上臺後加強拉近與委內瑞拉及玻利維亞的關係，以提高巴拉圭與巴西及阿根廷兩大強鄰的談判籌碼。雖然魯戈盡全力地否認親近查維斯及莫拉雷斯主導在拉美盛行的民眾主義 (Populismo) 運動❶，但卻又同時稱許莫拉雷斯及查維斯兩人積極推動擁有國家天然資源最大主權的主張。而且，魯戈上任後大力支持委內瑞拉加入南方共同市場，試圖阻止巴西及阿根廷在該集團中的霸權地位。這種地緣政治特性的考量也促使魯戈企圖與南共市另一小國烏拉圭建立更密切的關係，以便雙方在集團中獲得更好的區域發展基金。不過，有兩個面向足以證明魯戈加強與委內瑞拉的關係是功能性的戰術考量而非具有長遠的戰略決策。其一，魯戈上臺後仍致力維持與美國的密切關係，並在 2008 年 9 月參加聯合國大會時，接受當時美國總統布希的午餐邀宴。另外，令許多觀察家跌破眼鏡的是在魯戈尚未確認繼續維持不承認中國大陸前，中華民國馬英九總統毅然參加魯戈的就職典禮。而目前中國大陸是巴拉圭的第二大出口國。

2009 年 7 月 25 日，經過積極的努力，魯戈終於和巴西總統盧拉簽訂協議，使得伊塔普水力發電廠發電銷售給巴西的收入由 1 億 2 千萬增加為 3 億 6 千萬，成長 3 倍，收穫豐碩。在過去紅黨執政時，巴拉圭長久臣服於巴西。但是魯戈上任後，終於成功捍衛巴拉圭的主權尊嚴。另一方面，魯戈政府也嚴詞拒絕美國在巴拉圭軍事演習的要求，打破長久以來巴拉圭作為美國忠實盟友的史實。此外，巴拉圭成為美洲玻利瓦爾聯盟的觀察員

❶拉丁美洲的民眾主義又稱民粹主義。產生於 1920 年代中期，其主要標誌為 1924 年由祕魯傑出的政治家、思想家阿亞・德拉托雷創建「美洲人民革命聯盟」。民眾主義體制在 1940 和 1950 年代在拉美趨於成熟。民眾主義體制是一種反對獨裁，主張多黨制的民主政治；它對內主張各階級合作，主張實施改革和改良措施。民眾主義體制一般以中產階級、資產階級為領導，主張改革現狀；民眾主義的黨員雖有工農勞動群眾參加，但中上層階產階級成員佔相當比重並居支配地位。

圖 48：2011 年 3 月馬英九總統接待來臺訪問的巴拉圭總統魯戈

國，以及再度推動烏拉圭、巴拉圭及玻利維亞三國聯盟計畫，也是魯戈政府外交上的重大成就。

2010 年 7 月，魯戈在提交國會的國情諮文中強調，他上任後新設立 5 個大使館及 9 個領事館，並強調其政府將積極參與南方共同市場、南美洲國家聯盟 (Unión de las Naciones de América del Sur)❷、聯合國、美洲國家組織及里約集團等國際組織。此外，他強調其外交政策優先致力強化由烏拉圭、巴拉圭及玻利維亞等三個南美較小國家組成的集團，讓此集團有更好的發展。而且，2011 年巴拉圭舉辦「伊比利亞美洲國家高峰會」(Cumbre Iberoamericana de Naciones)❸，同時也將擔任南方共同市場及內陸國家組織的輪值主席。另一方面，魯戈也對某些南美國家的軍備競賽感到憂心。他認為這違反 2003 年美洲國家承諾取消國防支出及推動武器取得透明化的安全宣言。雖然南方共同市場帶給巴拉圭的利益不多，但魯戈表示仍將繼續積極參與南共市以強化巴拉圭的經濟發展。

總之，魯戈的當選及就任巴拉圭總統，意味著巴拉圭完成二十多年來民主進程中，政府和平更迭的歷史任務。巴拉圭正逐步走向深度的體制改革，同時巴拉圭民眾也以使用瓜拉尼語及認同國家文化為榮。而在往昔唾棄政治人物的大部分民眾，也對魯戈政府抱持全新及樂觀的態度。毫無疑問，魯戈在這些改變中扮演催化的角色。由於魯戈屬於非傳統典型的政治人物，這項特質使得他在選戰中及執政上都特別受到民眾的青睞及支持。此外，他毫無黨派淵源的形象，讓他在企圖推動緊急改革時獲得必要且多數的民眾支持。

❷南美洲國家聯盟前身為南美國家共同體。2000 年 9 月，巴西在第一屆南美國家首腦會議上提出建立南共體的倡議。2004 年 12 月 8 日，第三屆南美國家首腦會議通過《庫斯科聲明》，宣告南共體正式成立，以實現南美地區一體化，增強本地區經濟實力。2007 年 4 月，南共體更名為南美洲國家聯盟。2008 年 5 月，在南美洲國家聯盟特別首腦會議上，12 個成員國的領導人簽署《南美洲國家聯盟憲章》，明訂南美洲國家聯盟是具有國際法人資格的地區組織。南美洲國家聯盟成員國總面積達 1,800 萬平方公里，總人口約 3.6 億，經濟總量超過 2 兆美元。

第三節　巴拉圭何去何從?

一、巴拉圭問題的根源

1. 西班牙殖民的影響

西班牙在巴拉圭近三百年的殖民，對巴拉圭的經濟、政治、社會及文化造成深遠的影響。據估計西班牙在十六世紀初發現巴拉圭時，大約有 37 萬左右的印地安原住民，但是西班牙殖民者的殘忍對待也使得印地安人大量減少為 3 萬 9,000 人。因此在十七世紀初，在巴拉圭的殖民統治者即不斷要求西班牙國王從巴西及非洲安哥拉引進黑奴，以供委託監護主運用。雖然巴拉圭缺乏貴金屬礦產，但殖民者大力剝削印地安人勞力種植馬黛茶。另外，還曾捕捉印地安人賣給在巴西的葡萄牙殖民者當奴隸。西班牙征服者在巴拉圭快速地與當地印地安婦女結合，產生了混血的種族。十九世紀末，巴拉圭有 90% 的民眾是混血人種。

另外，西班牙殖民者獨尊天主教而不能容忍異教，對整個拉丁美洲特別是巴拉圭造成很大傷害。此外，西班牙征服及殖民巴拉圭的主要目的在尋找黃金和白銀並無意真正促成巴拉圭的發展，因此他們生活在神祕的氛圍中，昧於事實、藐視工作及創造等活動，這造成巴拉圭在獨立後嚴重落後、工業不發達以及人民生活懶散等不利情勢。再者，西班牙殖民時代在美洲殖民地有賣官的情事。買者不會抗議，因為他們了解這項「投資」很快就可回收。殖民者竊佔所有大小重要職務，並利用職務大力搜括及貪腐，這是當今巴拉圭貪污盛行的歷史

❸伊比利亞美洲國家是指包括拉丁美洲 19 個講西班牙語和葡萄牙語的國家，以及歐洲伊比利亞半島的西班牙、葡萄牙和安道爾在內的 22 個國家。為紀念哥倫布發現美洲新大陸 500 週年，西班牙國王卡洛斯於 1976 年首次正式訪問拉美時倡議召開伊比利亞美洲國家首腦會議。在西班牙贊助和墨西哥積極組織下，首屆首腦會議於 1991 年在墨西哥舉行，此後首腦會議每年召開一次。透過伊比利亞美洲國家首腦會議在政治、經濟、社會、科技、教育和文化等領域存在的問題，積極尋求解決途徑，共商合作大計，總部設在西班牙首都馬德里。

淵源與背景。另外在殖民時代，西班牙政府禁止殖民地製造或生產宗主國已經製造或生產的物品。這項政策造成在拉丁美洲西班牙的商品或農業產品比應有的價格貴好幾倍，也導致走私盛行及海關官員趁機貪腐的情事。

殖民時期西班牙殖民者普遍且根深蒂固認為一個人若從事勞力工作將失去社會地位與尊嚴，因此他們厭惡且輕視工作。這種情勢對西班牙及美洲殖民地的經濟造成嚴重影響，並迫使西班牙國王卡洛斯三世 (Carlos III) 不得不頒布皇家敕令，闡明工作不會貶低個人或家庭的尊嚴也不會阻礙獲得貴族頭銜。輕視工作是拉美及巴拉圭的病態現象，一旦消除，拉美及巴拉圭將會煥然一新，脫胎換骨。

此外，西班牙在征服拉丁美洲時，也使用武力以及宗教裁判所，將全然陌生而且與其習俗和信仰不同的天主教強加在印地安原住民身上，因此慢慢在巴拉圭形成天主教文化，融入巴拉圭的傳統與風俗中。長久以來天主教文化對拉美人而言是宗教、傳統、神話、迷信，特別是代表著愚昧和無知。受天主教文化影響，巴拉圭人缺乏時間觀念，凡事都是明天再說。

2. 外國勢力的影響

(1)美　國

巴拉圭與美國的雙邊關係肇始於羅培茲政府時代，而且自 1930 年代的查科戰爭後，雙方的關係更加密切。在第二次世界大戰與 1970 年代間，雙方的關係主要集中在安全、貿易、投資及援助等議題上。整體而言，冷戰期間雙方關係非常熱絡。但是從 1980 年代起，因為毒品走私問題，雙方關係趨於冷淡。此外，也因毒品問題，美國大幅減少對巴拉圭的各項援助。這段期間，和平團 (Cuerpo de Paz) 是唯一持續接受美國援助而在巴拉圭執行任務的組織。1987 年 1 月，美國總統雷根中止給巴拉圭的關稅優惠待遇，而且在 1989 年史托斯納爾政權被推翻後，美國就強力主導巴拉圭的內政事務。美國駐巴拉圭大使館的影響幾乎無所不在、無役不與，它依照不同的事件，在巴拉圭民主化過程所遭遇的危機中扮演攝政者、調停者或協商者的角色。美國大使館也提供、指導巴拉圭應該遵行的經濟發展模式，對巴拉圭的發展可謂影響深遠。

當 1996 年瓦斯莫西總統遭遇政變危機時，美國大使因擔心瓦斯莫西總統遭到政變者挾持，因而提供他庇護所；美國大使哈提 (Maura Harty) 主導讓古巴斯總統下臺並導致 1999 年的「巴拉圭三月事件」。雖然哈提多次接獲情資顯示將會導致與民眾的衝突，但哈提認為只要能摧毀軍事強人奧維多，不在乎會造成多少民眾傷亡。由於哈提個人對軍隊的厭惡，使她傾一切力量，著魔似地策動反軍人的行動。

1940～1985 年間，美國對巴拉圭的援助扮演著非常重要的角色，高達 6 億美元。目前美國主要透過美洲開發銀行、世界銀行及和平團援助巴拉圭。從 1981 年起，美國每年提供 20 萬美元，協助巴拉圭訓練及裝備反毒機構。根據美國反毒組織，每年有 4 萬公斤的古柯鹼經由巴拉圭走私到各國，金額高達 40 億美元。然而美國的種種不適宜的談話舉動卻也招致巴拉圭民眾的怨恨與反感。

⑵阿根廷

長久以來，巴拉圭的命運與阿根廷息息相關。主要原因是巴拉那河和布宜諾斯艾利斯港是巴拉圭產品出口的唯一通道，這使得從殖民時代開始，阿根廷就牢牢控制巴拉圭河及巴拉那河的河運交通以及連結亞松森和布宜諾斯艾利斯間的鐵路交通。1870 年三國同盟戰敗後，巴拉圭政府將大批土地出售，使得阿根廷人成為巴拉圭最大的地主，佔有巴拉圭全國近 60% 的土地，甚至有些省是由單一的阿根廷地主所擁有。阿根廷人也完全控制了單寧酸的生產及交通等所有的工業，到了 1940 年代中期，巴拉圭 70% 的外人投資由阿根廷所控制。

另外，阿根廷幣也在巴拉圭流通使用。而且，大部分的阿根廷法規都納入巴拉圭的法律中。阿根廷對巴拉圭的影響在 1930 年的查科戰爭前後達到最高峰。戰爭期間，阿根廷對巴拉圭的支持相當重要，有些時刻更是相當的關鍵。在布宜諾斯艾利斯召開的查科戰爭和平會議，在相當有利於巴拉圭的氣氛下召開。不過，此時巴拉圭的政治人物也開始察覺，為了降低阿根廷的影響，尋找替代的出海口刻不容緩。

1939 年，巴拉圭總統艾斯蒂加里比亞首創與美國簽訂協議，以便建造通往巴西邊境的鐵路。之後，墨里尼戈總統繼續加強與巴西的雙邊關係，並與巴西協商建築一條通往巴西大西洋海岸聖多斯港 (Puertos de Santos) 的鐵路。為此，阿根廷總統拉米雷斯 (Pedro Ramírez) 於 1943 年同意為巴拉圭在布宜諾斯艾利斯及羅莎麗歐 (Rosario) 設立自由港，並與巴拉圭設立貿易協定，以遏阻巴西不斷升高的影響力。同時巴拉圭與阿根廷雙方也開始研究成立關稅同盟的可能性。雙方從 1946 年起開始協商，然而稍後阿根廷介入 1947 年的巴拉圭內戰，即謠傳阿根廷企圖藉此控制巴拉圭的經濟。1953 年，巴拉圭總統查維斯簽署協議以使巴拉圭加入阿根廷及智利組成的關稅同盟。然而 1958 年史托斯納爾推翻查維斯，巴拉圭國會未曾簽署上述協議。

由於巴拉圭同意給予遭罷黜的阿根廷貝隆總統政治庇護，雙方關係自此開始惡化。然而這並非雙方關係疏遠的原因，主要的原因是貝隆主義摧毀了阿根廷，阿根廷從此一蹶不振。2001 年 12 月阿根廷的實力降到新低點，且在不到兩個月內，更換了 5 名總統。阿根廷的衰退也使得它在巴拉圭的影響日益減少。阿根廷在巴拉圭的大企業幾乎完全消失，而且只有不到 10% 的巴拉圭土地掌握在阿根廷資本家手中。這令人遺憾，因為如果巴拉圭與阿根廷攜手合作，可以加強、深化彼此的政治、經濟、貿易及文化關係。

(3)巴　西

巴拉圭與巴西的邊界遼闊，而且長久以來經常受到巴西入侵。在與巴西的邊境地帶，因為雙語和文化的混合，巴拉圭人將住在此地大批來自巴西的住民稱為「巴西巴拉圭人」(brasiguayos)。此外，在這個地區也有許多由巴西人經營的企業和媒體。

巴拉圭與巴西的關係始於 1939 年的艾斯蒂加里比亞總統，並在史托斯納爾時代更形密切。從 1960 年代末起，巴西對巴拉圭的影響日益強烈。此時期，巴西政府興建跨越巴拉那河的「友誼之橋」(Puente de la Amistad) 以連接巴拉圭的東方市和巴西伊瓜蘇市 (Foz de Yguazú)。隨後在 1973 年，雙方簽訂《伊塔普協定》共同興建當時世界上最大的水壩，以利發電。史托斯納爾加強與巴西的關係的政策，遭到巴拉圭許多人士的反對，認為此舉無異將整個巴拉圭賣給巴西。雙方關係的加強，使得巴西很快地取代阿根廷成為巴拉圭的保護國。2000 年 3 月 5 日，巴西總統卡多佐 (Fernando Herique Cardozo) 表示，巴西直接影響巴拉圭。巴拉圭兩位總統史托斯納爾及古巴斯都在巴西尋求政治庇護，而軍事強人奧維多也循此途徑。

在 1970 年大約只有 8 萬名巴西人住在巴拉圭，然而到 2002 年已達到 83 萬人，這約佔當時巴拉圭 15.1% 的人口。然而更值得注意的是這些巴西移民逐漸地從邊境地帶往首都亞松森移居。事實上，在大亞松森地區，有許多巴西人掌控了工商企業，而且有更多的巴西移民充當勞工。巴拉圭與巴西邊境地帶到處都有巴西人。最近幾年面對巴拉圭查科地區的侵入日益增加。如果巴西移民以這樣的比率與數量和平入侵將對巴拉圭造成危險。首先，在巴拉圭東部與巴西交界處，有許多的村落大部分都由巴西人組成，亦即這些巴西人就如同住在巴西一樣。在學校和教堂說葡萄牙文，而巴拉圭人則學著說混合西班牙語及葡萄牙語的語言。到目前雙方關係還算融洽、和諧，但未來難保不發生狀況。對巴拉圭而言最大的危機是，巴拉圭人主要移民到阿根廷而且大部分都不再返回巴拉圭。也就是說一方面巴拉圭人口不斷減少，但另一方面又有大批的巴西人移入。據統計，1970 年至 2002 年有 40 萬巴拉圭人外移，而同時期有近 75 萬巴西人移入，長遠而言對巴拉圭非常不利。

移民巴拉圭的巴西人生育率高，因此人數大幅增加。雖然在巴拉圭出生就是巴拉圭人，但對巴西而言這些人卻是不折不扣的巴西人，有自己的風俗和習慣。而巴拉圭往外移民也有自己的後代，但他們都不打算返回巴拉圭，這對巴拉圭而言是嚴重的人口外流現象。最後，

圖 49：連接巴拉圭與巴西的「友誼之橋」

值得注意的是巴西有 1 億 9,400 萬人，而巴拉圭只有 654 多萬人。對巴西而言派幾百萬移民到巴拉圭不會有太大影響，但其結果對巴拉圭而言可能是大災難。

此外，每年有數百萬的巴西人到巴拉圭採購，而且數字不斷攀升。在 1970 年大約只有 30 萬，目前每年約 600 萬，特別是邊界的東方市，每天最高峰就有 5 萬巴西人進出。巴西人很輕易的越過街道或搭木筏到達巴拉圭。沒錯他們大都是單純到巴拉圭旅遊或購物，但總是有人賴著不走，每年 5 百萬人中留下來的人數相當可觀。而且他們講葡萄牙文，不久的將來可能改變此地區的文化發展。另外，這些巴西人。這種人員的大量流動造成的邊境貿易成為巴拉圭的主要經濟活動。在 1970 年約 2 億美元，目前已經成長為 35 億美元。在巴拉圭有成千上萬的貿易依賴邊境商業活動，而且創造近 10 萬個工作機會。不過，這些貿易有許多未經海關的控制，造成檢疫困難也不易徵收關稅。

巴西移民對巴拉圭最主要的影響在經濟方面。據統計 1970 年巴西移民每年約生產 1 萬噸黃豆，到 2003 年已達 320 萬噸，相當於巴拉圭

表 19：巴西在巴拉圭的移民、生產及利益

項　目	1970	1990	2002
巴西裔巴拉圭人（居民）	80,000	400,000	830,000
觀光客（每年）	300,000	2,500,000	5,000,000
投資（美元）	250,000	900,000	3,500,000
對巴西出口（美元）	02	312	353
由巴西進口（美元）	02	207	478
邊境貿易（美元）	200,000	1,000,000	3,500,000
巴西銀行（數量）	01	03	03
大豆生產（噸）	10,000	1,500,000	3,200,000
土地（公頃）	1,500,000	2,500,000	4,500,000
牛（頭）	300,000	600,000	1,200,000

黃豆總量的 75%。另外，巴西移民也生產大量的棉花、大麥和玉米，而且以企業經營方式大規模從事畜牧業，養殖 120 萬頭牛，約佔 13%。另外，這些巴西移民也成立農牧加工業，加工農牧產品。再者，他們擁有 450 萬公頃的土地約佔巴拉圭國土的 11%。而且，巴西人在土地、畜牧、建築、工廠、機器、農具等的投資，保守估計達 35 億美元，在巴拉圭無人能與其抗衡。

總而言之，大部分來巴拉圭的巴西人都想長久居住在巴拉圭，這對巴拉圭是有益的，但是巴拉圭政府必須儘速規劃明確的政策，讓這些巴西移民不僅能加入巴拉圭的經濟生產，更能融入巴拉圭的政治、文化發展及日常生活中。這是讓這些巴西移民及其後代子孫在巴拉圭落地生根的唯一辦法。否則，他們將永遠只是巴西人，長遠而言，對巴拉圭也是一顆不定時炸彈。

二、巴拉圭何去何從？

2003 年 8 月中，巴拉圭情勢似乎已經到達谷底。但是歷史經驗顯

示，許多國家都未到達谷底，還有繼續下探的可能。自 1989 年政變推翻史托斯納爾政權以來，巴拉圭都未能受到良好的治理，因此造成民眾普遍貧困的可怕後果。2008 年 8 月 15 日，魯戈宣誓就職總統給巴拉圭廣大民眾帶來無限的希望。魯戈在巴拉圭貪腐嚴重，人民貧困之際上臺，他別無選擇，只有一條路、一個目標，改善巴拉圭人民生活，並向全世界展示巴拉圭仍是一個值得信賴的國家。

巴拉圭未來是成功或失敗取決於國家的領導階層和全體人民。首先，必須創造一個有利的環境及必要的條件，讓巴拉圭學習依靠自己的資源生存，而不需依賴外國或國際金融組織的施捨。但這不表示巴拉圭從此應該閉關自守，背離世界運作；相反地，巴拉圭更應重建國際社會對它的信心。造成巴拉圭局勢混亂有下列諸多因素：如缺乏具有道德感的政治領袖、政府貪腐嚴重、大地主階級剝削小農階級、經濟方針錯誤等。這些情勢都將對巴拉圭造成很嚴重的影響，例如大量失業、缺乏教育及醫療服務，以及日益增加的犯罪率。

圖 50：亞松森市的某個市集，環境髒亂不堪。

1. 巴拉圭可能每況愈下

1989 年巴拉圭在推翻史托斯納爾專制獨裁政權後，經濟、社會情勢不但沒有好轉，而且在拉丁美洲的排名每況愈下，與玻利維亞、海地並列貪腐國家之林。綜其原因如下：首先，目前大亞松森地區非常髒亂，四周被貧窮的村落所環繞，居民的房子大多用木板、紙箱或塑膠雜亂搭成；因設備不良，飲用水只有半數能到達用戶，另一半在半途就漏掉了，而且污水與排泄物四處漫流；公路千瘡百孔，無一完好；電話線如蜘蛛網般到處亂掛，漫無章法；電力設施更是一吹風下雨就停擺而造成大停電。此外，人民缺乏環保意識，垃圾隨處亂丟。這顯示政府無法維持公共秩序。而且，民眾缺乏保障，但是政府卻貪污橫行，而且毫不遮掩地展示這些不法所得。

再者，銀行危機年復一年發生，不斷地衝擊金融業。貧窮也再度降臨巴拉圭人身上，許多民眾被迫在垃圾堆找尋食物或有用的東西。而且也因為貧窮使得疾病叢生，這情況又因大批民眾營養不良而更加嚴重。公共醫院則因嚴重缺乏資源不得不降低對民眾的服務或關門大吉。教育問題也不遑多讓，缺乏教室與教師的情況非常嚴重，使得學童無法享受良好的教育。另外，目前的教育制度改革也無法適應巴拉圭的現實需求，學童增加的速度遠大於可資運用的教育資源。此外，社會脫序，罷工及街頭示威、抗爭層出不窮，讓巴拉圭陷於混亂的局勢。而且，人民的生命與財產缺乏保障。街頭充斥流浪兒童、兒童性交易、青少年犯罪，都清楚顯示巴拉圭道德風氣日益敗壞。

2. 民主與修憲

由於巴拉圭缺乏獨立公正的司法體系、人民的生命財產安全無法獲得保障、貪污腐敗橫行，以及違法亂紀者不受法律制裁逍遙法外等情事，使得巴拉圭一直無法成為真正的民主國家。另外，巴拉圭的傳統政黨日趨衰微，而且近年來突然竄起的新政黨，大多是扶不起的阿斗，其貪腐情況不亞於傳統政黨。總之，在巴拉圭缺乏將國家利益置於政黨利益之上的政治文化，因此每個政黨都為一己、一黨之私大肆搜括民脂民膏。而且，大部分的政治人物也都不太在乎，也不想了解國家正面臨嚴重的危機。因此如果政治人物不能團結一致採取戰略性的決策以捍衛國家的未來與利益，這將會讓巴拉圭走向失序、混亂及無政府狀態，更會將巴拉圭帶往毀滅的道路。巴拉圭的政治、經濟體制不會因為稍微的重整就能獲得改善，它必須從內部徹底的改造。

另一方面，政黨內部的派系左右巴拉圭的政治運作，但是派系只代表一部分人的利益而非所有的黨員，因此這些派系常為了維護所屬團體或某些特定團體的利益而不顧甚至傷害國家的利益，更可悲的是巴拉圭的政黨經常是由一些大家族所掌控並形成牢不可破的勢力團體。因此他們執政後會依照每個派系的重要性而給予某些部會、獨立機構、國營企業或者重要公職的職位。這是對於政黨內部派系、社會運動者及反對派的一種後謝的酬庸方式，以報答他們的忠誠相挺、結盟或在國會的投票護航。就是這些權力團體在主導、掠奪並且摧毀巴拉圭的美好未來。為此，巴拉圭必須擁有一部良好的《憲法》及《選舉法》，以選舉清廉且賢能的代表，來治理巴拉圭。此外，巴拉圭參議員由政黨得票比率產生，人民無法直接選舉，因此巴拉圭人民常需要忍受一批唯唯諾諾只聽從黨意無法代表民意的參議員。

3. 振興經濟與土地改革

在確實保障個人生命與財產安全之外，振興經濟是巴拉圭政府未來最迫切及重要的工作。2011 年，巴拉圭的失業率達 7.6%，這顯示巴拉圭的經濟非常不景氣，其唯一的解決辦法就是創造穩定的就業機會。如何振興經濟？簡而言之，就是大力推動生產高品質、有競爭力及尊重環保的產品及服務。首先，巴拉圭必須創造有利的條件與環境，以恢復國內外投資者的信心。最迫切的是讓停擺多時的巴拉圭恢復運作，並且不容再輕忽已延宕多時的嚴酷經濟危機、嚴重的政治不穩定及社會不公。此外，巴拉圭應將資本導向短期內可獲利的生產部門及大型的基礎建設，以便快速、大幅地降低居高不下的失業率。為此，巴拉圭政府應該修正不利其出口部門及工業的匯率及信貸政策。此外，還需進行稅務改革、開放及無條件支持出口、中小企業、觀光、國內外投資以及重整或將國營企業私有化。最後，巴拉圭政府必須讓國內恢復秩序，通過《預算法》（*Ley de Presupuesto*）最能展現政府振興經濟的決心，而且可讓政府編列及執行預算的情況透明化，以減少貪腐情事的發生。

不可否認，巴拉圭因缺乏良好的國土規劃不但造成土地分配不均，也影響到巴拉圭政府無法有效徵收荒地稅，這種扭曲的現象也造成大地主對土地的壟斷。為此，巴拉圭政府首先應建立完善的地籍冊，其次應進行稅制改革並透過合理、公平的方式徵收土地，以進行大規模的造林運動。再者，應考慮取消低效益、不易執行且讓納稅人覺得厭煩的「農牧經營所得稅」(Impuesto a la Renta de Actividades Agropecuarias)，只要能執行上述政策，巴拉圭應能有效解決土地分配問題。

如果不能合理、公平地解決土地問題，巴拉圭社會將永無寧日。那些為地主工作的農民非常渴望擁有自己的土地，對他們而言土地不只是生產與維生的工具，在某種情況下，更代表對自己身分的認同，也代表著他們擁有自己的小天地。巴拉圭的農村貧窮不全然是土地集中在少數大地主手中，而是與耕地逐漸貧瘠所導致的產能下降有關，特別是巴拉圭中部地區。另外，加速農村貧窮增加的因素在於民主時代的巴拉圭政府不太關心農民的前途與命運。

其實，巴拉圭應是一個富有的國家，而不是目前落後貧窮的景象。巴拉圭是目前全球人均水力發電量最高的國家，然而令人遺憾的是到目前這些電力仍未大量運用到工業發展上，而是大部分以低價賣給阿根廷及巴西。如果巴拉圭善於運用豐富的電力資源，將可為國民生產總值多貢獻 50 億美元。此外，巴拉圭查科地區面積遼闊，在未來 10 年能再多養 1,500 萬頭的牛，將是目前巴拉圭牛隻總數的兩倍。而且只要投資約 2 億美元就可以將巴拉圭河的水引進灌溉廣大的查科地區。牛隻在地區成長更快，而且不會有蝨子及其他小蟲的侵擾。另外，經過美國企業的研究，上巴拉圭 120 公里長、30 公里寬的廣大地區，能生產質量均佳的棉花。至於廣大肥沃、大約 800 萬公頃的東部地區土地，可以年產 2,500 萬公噸的黃豆、800 萬公噸的玉米及 400 萬公噸的小麥。此區的另一半土地，可大量生產熱帶及亞熱帶的各式蔬果。而且在巴拉圭沒有地震、颶風、火山爆發等天然災害。

另一方面，巴拉圭有豐富的文化遺產及美麗的天然景觀足以吸引大量的觀光人潮，不過這相當程度取決人民及政府重振這項無煙囪工業的意願與決心。當然，希望這項工業蓬勃發展，必須政府的強力支持以及重建巴拉圭的和平與寧靜的有利環境。最後也最重要的是，巴拉圭的人民年輕、渴望學習並企盼進步與發展。這是廣大及可貴的人力資源，目前所欠缺的是機會。綜上所述，巴拉圭不應該是目前貧困、落後的樣子。巴拉圭的貧窮是政客的操弄、貪腐及不當治理所造成，然而這些應該負責任的政客卻仍逍遙法外。

4. 軍隊角色的扮演

巴拉圭具有強烈的民族主義、軍事主義及天主教信仰的傳統文化，而且一般認為巴拉圭需要一個鐵腕統治的政府。不過，歷史經驗也警告民眾，政治人物不可信。長久以來，軍隊是巴拉圭民族主義的捍衛者，目前則代表國家的利益，保衛《憲法》、法律及依法成立的官方機構。不過，1989 年 2 月 3 日政變後，在左派的壓力下，軍隊的角色已減少到保家衛國的最低程度。巴拉圭左派永遠無法原諒、釋懷軍隊在 1960～1980 年代強力打壓、掃蕩左派游擊隊的活動。

冷戰期間巴拉圭軍隊提供民眾安全無虞的生活。當時許多鄰國都遭逢內戰，而巴拉圭卻成為碩果僅存的和平、穩定的國家。許多巴拉圭學者及民眾認為，如果巴拉圭企圖再次昂首闊步，一定要像在史托斯納爾時代一樣，讓軍隊有更多參與國家建設的機會。不過這種構想似乎不易獲得正在權力頂峰且將國家搞得一團糟的政治人物及左派人士的支持。另外，在巴拉圭民眾的不安全感持續上升，普遍認為政府沒有能力在國內推行任何計畫或執行權力。正因為如此，巴拉圭情勢將趨於不穩定且將成為毒品走私及犯罪的溫床與天堂。因此，必須建立新的軍事政策以進一步關注這些事態的發展。

Paraguay

附　錄

大事年表

1516　西班牙狄亞斯德索里斯率遠征隊抵達南美洲東岸拉布拉他河流域探險，間接開啟了巴拉圭的歷史序章。

1524　葡萄牙人賈西亞沿巴拉圭河而上，發現了原住民瓜拉尼人的部落。

1526　卡伯特率領西班牙探險隊沿巴拉圭河而上抵達拉布拉他河，並沿巴拉那河往上 160 公里，建立西班牙在此第一個殖民據點。

1537　8 月 15 日，門多薩建立亞松森城，巴拉圭淪為西班牙殖民地。

西班牙國王卡洛斯五世頒布特別法令，規定總督未指定繼承人或繼承人死亡巴拉圭居民得有選擇與罷免總督的權利。

1542　巴拉圭隸屬祕魯總督區。

西班牙國王卡洛斯一世派遣卡貝薩・德瓦加出任巴拉圭新任首長。

1544　卡貝薩・德瓦加遭逮捕遣送回西班牙。

1559　巴拉圭殖民地事務改隸恰爾加斯檢審庭管轄。

1560　巴拉圭爆發首宗印地安人起義事件。

1588　8 月 11 日，耶穌會進入巴拉圭傳教。

1604　耶穌會建立第一座天主莊園，為瓜拉尼原住民打造莊園制度。

1617　巴拉圭自拉不拉他劃分出，失去拉布拉他河流域的控制權。

1629　巴西先鋒旗隊大肆掠奪巴拉圭耶穌會天主莊園。

1639　巴拉圭耶穌會天主莊園擊敗巴西先鋒旗隊開啟了耶穌會在巴拉圭發展的黃金時代。

1700　波旁王朝入主西班牙，在美洲殖民地強化中央集權並派遣正規軍。

1720　「自治公社起義」，反抗西班牙王室的專制統治和打擊耶穌會特權，史稱「亞松森起義」。

西班牙王室宣布取消委託監護制。

1750 爆發天主莊園戰爭。

1767 西班牙國王卡洛斯三世下令驅逐耶穌會教士。

1776 巴拉圭併入拉布拉他河總督區。

1806 巴拉圭協助布宜諾斯艾利斯居民擊退英國軍隊入侵。

1810 5 月 25 日，爆發群眾示威並發動革命推翻西班牙任命的總督，史稱「五月革命」。

1811 布宜諾斯艾利斯委員會試圖掌控巴拉圭，但是遭到巴拉圭人民猛烈抵抗。

5 月 14 日，巴拉圭推翻西班牙政府，並宣布獨立。

6 月，巴拉圭議會正式宣布脫離西班牙統治，成立巴拉圭共和國。

10 月 11 日，巴拉圭迫使阿根廷簽訂軍事同盟協議。

1813 9 月 30 日，佛朗西亞召開巴拉圭會議，10 月立憲，再次重申巴拉圭為獨立的共和國。

年底，巴拉圭議會召開大會，宣布佛朗西亞為巴拉圭共和國最高執政者。

1814 佛朗西亞成為巴拉圭第一位總統，奠立了巴拉圭的國家地位。

1816 巴拉圭議會召開第 3 次大會，推舉佛朗西亞為永久執政者，開啟佛朗西亞獨裁專政。

1840 9 月 20 日，佛朗西亞逝世，巴拉圭爆發政權爭奪風暴。巴蒂鈕為首的軍事執政團成立，並自佛朗西亞派手中奪得政權。

1841 1 月，巴蒂鈕為首的軍事執政團遭推翻。

3 月 12 日，巴拉圭國會推舉羅培茲為執政官，平息混亂情勢。

1842 頒布《生育法》，廢除奴隸買賣，並保證奴隸的子女年滿 25 歲可獲得自由。

1844 國會推舉羅培茲為巴拉圭共和國總統，是巴拉圭的第二位獨裁者。

1845 4 月 26 日，巴拉圭第一份官方報《獨立巴拉圭人報》成立。

羅培茲改變佛朗西亞時期的中立政策，介入阿根廷內戰。

1852 羅培茲與美法兩國簽署友好、商業及航運等多項條約。

1853 羅培茲派其子小羅培茲前往歐洲購買武器和學習新知，打通對外管道。

1858 英國商人協助巴拉圭建築南美最早的鐵路。

1862 9月10日，羅培茲去世，小羅培茲被指定為唯一的繼任者。

10月16日，國會召開臨時會，推舉小羅培茲為巴拉圭共和國總統，任期10年。

1864 爆發巴拉圭與阿根廷、烏拉圭及巴西間的「三國同盟戰爭」，又稱「巴拉圭戰爭」。

11月，巴拉圭與巴西斷交並對巴西宣戰。

1865 4月，巴拉圭與阿根廷相互宣戰。

5月，阿根廷、巴西和烏拉圭祕密簽署《三國同盟條約》。

1866 9月22日，庫魯派蒂戰役，巴拉圭以寡擊眾殲滅數千名同盟軍。

1869 1月，同盟軍攻佔巴拉圭首都亞松森。

1870 巴拉圭戰敗，羅培茲政府割地賠款，巴拉圭人民死傷慘重。

1872 賀伯亞諾斯政府下令僱用外籍人士任教，補充教育人員之不足，提升教育水準。

1873 3月22日，反叛軍佔領巴拉瓜立並發表〈巴拉瓜立聲明〉。

1876 同盟軍撤離巴拉圭，巴西和阿根廷互相猜忌，巴拉圭免於喪失更多土地。

1877 4月12日，吉爾總統遭暗殺，卡巴耶羅以陸軍總司令支持巴瑞羅出任總統。

國立專科學院開始運作。

1878 美國總統海耶斯主持仲裁委員會，否決阿根廷主張擁有綠河到皮科馬約河之間的領土。

1880 卡巴耶羅發動政變奪取政權並操控巴拉圭政治將近20年。

1882 3月26日，成立藝術、手工業及農業學院。

7月12日，成立法律學院，培養《民法》、《刑法》、《商業法》及《國際法》專業人才。

1885 巴拉圭農會創立，並首次讓畜牧業者加入行會。

1887 7月10日，自由黨成立。

9月11日，卡巴耶羅創立紅黨。

1888 8月5日，巴拉圭政府啟用免費教導成人的學校。

1891 自由黨因為改革要求落空，策動反政府暴動。

1893 戰爭部長埃古斯吉薩推翻岡薩雷斯總統。

1902 卡巴耶羅策動艾茲古拉將軍政變奪權。

1904 8月，費雷拉協同文人派、激進派和埃古斯吉薩陣營發動軍事革命，爆發巴拉圭內戰。

12月12日，巴拉圭總統艾茲古拉在阿根廷軍艦上簽署《皮科馬約協定》，同意將政權交給自由黨，結束紅黨的執政。

12月19日，加歐那出任總統，開啟自由黨執政。

1905 5月20日，成立「陸軍學校」。

1906 11月25日，費雷拉組成新政府執政並在任內成立巴拉圭國家銀行。

1908 赫拉上校發動血腥軍事叛亂，解散國會，並推翻費雷拉政府。

7月8日，岡薩雷斯・納維羅出任總統，開啟巴拉圭史上最血腥暴力、混亂失序的「激進時代」。

因經濟因素，無預期關閉醫學院。

1910 龔德拉當選總統，但於隔年遭赫拉所領導的政黨推翻。

1911 8月，巴拉圭慶祝獨立建國100週年。

1912 5月15日，赫拉在巴拉瓜立的革命時中彈身亡。

1919 6月5日，佛朗哥突然過世，次日副總統蒙地羅依法繼承總統。

1920 前總統龔德拉再次贏得總統大選。

1921 10月29日，因國會的反對，龔德拉辭去總統職務。

1922 5月，陸軍上校齊理斐在紅黨的支持下，發動軍事政變擁護史佳雷，引發巴拉圭的內戰。

1923 3月初，阿雅拉向國會請辭，以便參加隨後的大選。

8月，阿雅拉完全平息巴拉圭內戰。

1924 8 月 15 日，阿雅拉宣誓就職。

1926 6 月 25 日，通過立法推動國立大學的改革，讓大學在教學及經濟上自主。

1929 世界經濟大蕭條，巴拉圭情況不比其他國家嚴重。

1931 10 月 23 日，巴拉圭總統府前爆發學運，自由黨的古吉雅里政府下令鎮暴，射殺支持聯盟的學生，並造成無數人受傷。

1932 6 月 15 日，查科戰爭正式爆發，又稱為廈谷戰爭。

7 月，玻利維亞軍隊攻克博克龍要塞，其形勢對巴拉圭相當不利。

1933 2 月，阿根廷與智利提出《門多薩提議案》，以促進玻、巴兩國和平解決經濟利益上的衝突。

3 月 6 日，幾經國內外協調無法達成和平協議，巴拉圭正式向玻利維亞宣戰。

1935 6 月，查科戰爭結束，巴拉圭雖然獲勝，但死傷慘重國力更衰弱。

1936 爆發「二月革命」，自由黨總統被迫辭職，流亡於阿根廷的佛朗哥將軍返國擔任巴拉圭總統。

12 月，新政黨「民族革命聯盟」成立。

1937 8 月，軍隊發動政變，政權再度回到自由黨手中。

1938 7 月 21 日，巴拉圭和玻利維亞簽訂《查科和平條約》。

1939 8 月 15 日，查科戰爭英雄埃斯蒂加里比亞出任總統。

巴拉圭總統艾斯蒂加里比亞首創與美國簽訂協議，以便建造通往巴西邊境的鐵路。

1940 8 月，公民投票通過艾斯蒂加里比亞提出的新憲草案，此《憲法》施行至 1967 年。

9 月 7 日，埃斯蒂加里比亞總統飛機失事身亡，墨里尼戈接任總統。

1942 墨里尼戈正式與德國斷交。

1943 阿根廷總統拉米雷斯同意為巴拉圭在布宜諾斯艾利斯及羅莎麗歐設立自由港，並與巴拉圭設立貿易協定。

1945 2 月 7 日，巴拉圭向德國及日本宣戰。

二次大戰結束，巴拉圭成為聯合國的創始會員國。

1947 1 月，軍人不願再淪為奪權的工具，號召成立制憲大會，草擬新《憲法》。

8 月，巴拉圭內戰結束，紅黨再度重掌巴拉圭政權。

1950 來自巴西、歐洲及亞洲的大規模移民潮，讓巴拉圭的人口組成產生重大變化。

1953 巴拉圭總統查維斯簽署協議，巴拉圭加入阿根廷及智利組成的關稅同盟。然國會未簽署協議。

1954 史托斯納爾將軍發動政變，建立獨裁政權。

7 月 11 日，總統大選中，史托斯納爾以唯一候選人當選總統。

1955 9 月，阿根廷貝隆總統遭罷黜，巴拉圭給予政治庇護。

10 月 17 日，國會通過 294 號《保衛民主》法令，強化戒嚴。

10 月 27 日，紅黨召開黨員大會，團結紅黨各部門鞏固史托斯納爾政權。

12 月 4 日，史托斯納爾要求孟德士辭卸中央銀行行長職務。

1956 11 月 4 日，政府有效鎮壓紅黨內溫和自由派的謀反。

1957 巴拉圭與臺灣建立外交關係。

1958 史托斯納爾再度當選總統。

1960 巴拉圭簽署加入拉美自由貿易協會。

1965 史托斯納爾派軍隊協助美國干預多明尼加。

1967 年初，史托斯納爾批准激進自由黨合法化。

8 月 25 日，巴拉圭制定新憲訂定該日為行憲紀念日。

頒布新《憲法》允許國會公開投票選舉，但史托斯納爾仍獨攬政權。

史托斯納爾再度修憲以便在 1968 年競選連任。

1973 巴拉圭與巴西達成協議合建伊塔普水力發電廠。

1974 4 月，破獲「三月一日組織」游擊隊活動，許多學生及農民領袖慘遭殺害。

11 月，警方破獲反對史托斯納爾的祕密組織，政府藉機展開大規模鎮壓活動。

1975 2 月，史托斯納爾政府開始追捕農民組織人士。

1977 1 月，美國民主黨卡特入主白宮，主張人權外交，巴拉圭與美國關係進入冷淡時期。

自由黨改組，更名為「真正激進自由黨」。

1979 真正激進自由黨、二月革命黨、基督教民主黨以及紅色民眾運動等簽訂《全國協議》。

1983 魯戈因反政府言論被驅逐出境，1987 年返國。

1984 伊塔普水力發電廠啟用。

1987 1 月，美國總統雷根中止給巴拉圭的關稅優惠待遇。

8 月，紅黨召開全國大會，支持史托斯納爾政權的紅黨與軍人聯盟開始瓦解。

支持史托斯納爾近 30 年的傳統教義派被激進的中低階軍官團所取代。

1988 12 月 10 日，許多團體上街以紀念人權日，政府暴力鎮壓並逮捕多名政治及社會領袖。

1989 2 月 2～3 日，羅德里格斯將軍發動政變推翻史托斯納爾政權並接任總統，次日，羅德里格斯宣誓就職臨時總統。

3 月，在全國大團結的氛圍下，幾乎所有的政黨都合法化。

5 月 1 日大選，羅德里格斯當選，完成史托斯納爾自 1988～1993 年未完成的任期。

1990 通過新的選舉法規，顯示政府往民主轉型邁進的決心。

1991 巴拉圭國家總預算中，國防及有關國內安全的預算大幅超過醫療、住屋及教育的總額。

3 月，巴拉圭與巴西、阿根廷、烏拉圭等三國簽署《亞松森條約》，組成南方共同市場。

先後與匈牙利、波蘭、捷克建立外交關係。

美國撤銷對巴拉圭的經濟制裁，兩國關係明顯好轉。

5 月 26 日，巴拉圭首次舉行地方選舉，對其政治發展與民主轉型有關鍵性影響。首都亞松森市長由中左派「大家的亞松森」費里索拉脫穎而出。

12 月 1 日，制憲代表選舉紅黨則獲得 55.1% 選票，在 198 個席次中獲得 122 席。

12 月 17 日，於阿根廷召開南共市第二屆元首高峰會中簽署協定，規定推動民主體制是南共市整合與發展不可或缺的條件。

1992 6 月 20 日，頒布新《憲法》，開放言論自由。

新《憲法》明文規定，瓜拉尼語是第二種官方語言。

伊塔普水力發電廠落成啟用。

巴拉圭人口普查，總人口約 446 萬。

巴拉圭仍相當依賴農牧產品出口，佔總出口的 84%。

棉花與黃豆兩項農產品就佔出口的 51.4%。

1993 5 月 9 日，巴拉圭在新《憲法》下舉行大選，瓦斯莫西當選總統。

國會參眾議院選舉紅黨未取得過半席次，國會處於朝小野大的態勢。

10 月 14 日，執政黨與主要反對黨簽訂協議以利執政。

1994 魯戈被任命為巴拉圭最貧窮地區之一的聖彼得省的大主教。

1995 巴國立法通過禁止軍人干預政治或加入政黨。

爆發金融危機，中央銀行被迫介入以挽救四家瀕臨破產的銀行。

1996 4 月，奧維多發動政變失敗。

6 月 25 日，於阿根廷召開第 10 屆南共市元首高峰會，再次重申成員國必須實行民主體制。

1997 紅黨黨內初選，奧維多取得 1998 年總統大選提名資格。但因於 1996 年發動政變罪名成立被取消資格，由副總統候選人古巴斯成為紅黨的總統候選人。

1998 5 月 11 日，紅黨擊敗「民主聯盟」贏得總統大選。

8 月 15 日，古巴斯就任總統，隨即釋放奧維多。

1999 巴拉圭國民義務教育延長為 9 年。

3 月 23 日，副總統阿甘納遇刺身亡；爆發「三月流血事件」憲政危機。

3 月 28 日，古巴斯總統辭職，參議院院長岡薩雷斯馬奇接任總統。

4 月 29 日，最高法院宣布岡薩雷斯馬奇可以做完古巴斯留下到 2003 年的任期，只需補選副總統。

8 月 18 日，真正激進自由黨以政策未獲新政府支持為由，威脅退出聯合政府。

2000 2 月 6 日，真正激進自由黨宣布退出聯合政府。

3 月 5 日，巴西總統卡多佐表示，巴西直接影響巴拉圭。

5 月，發生失敗政變。

8 月 13 日，副總統補選，反對黨候選人佛朗哥當選。

2003 4 月，總統大選，執政黨候選人杜瓦特僅以 37.14% 的相對多數選票當選總統。

8 月 15 日，杜瓦特就任總統，任期至 2008 年。

2004 巴拉圭訂定《保護森林資源法》。

2005 巴拉圭政府及國會決定同意讓美國軍隊駐紮並享有豁免權。

2006 3 月 8 日，巴拉圭最高法院裁決總統杜瓦特可同時兼任執政黨紅黨的黨主席。

3 月，魯戈聯合 138 個左翼團體、工會和群眾組織，率領 4 萬群眾到國會前示威抗議，爭取公民合法權益，大獲成功。

12 月，紅黨舉行總統候選人初選，參議員奧薇拉爾擊敗對手成為紅黨總統候選人。

年底，魯戈在近 10 萬民眾連署敦促下，宣布以「變革」為口號參選。

2007 7 月中旬，魯戈與最大反對黨真正激進自由黨協商，同意由該黨主席出任反對派聯盟副總統候選人。

9 月，魯戈正式被推舉為反對派「愛國變革聯盟」總統候選人。

因黃豆及肉品生產及出口的大幅增加，經濟成長高達 6.8%。

在西班牙大約有 10 萬的巴拉圭移民。

2008　4月20日大選中，魯戈以10%左右的差距，終結紅黨長達61年的政權。

5月，杜瓦特參選參議員並順利當選，6月2日向國會提出辭去8月15日才屆滿的總統職務，引起政治風暴。

8月15日上臺後，魯戈積極參與委內瑞拉總統查維斯倡議組成的美洲玻利瓦爾聯盟。

8月15日，中華民國馬英九總統參加魯戈的就職典禮。

2009　7月25日，魯戈終於和巴西總統盧拉簽訂伊塔普發電廠新協議。

2010　4月24日，巴拉圭暫停部分地區《憲法》權利，對抗左派暴力。

5月4日，巴西黑幫控制巴拉圭邊界毒品產銷。

6月22日，國會內反對派醞釀彈劾魯戈。

7月，魯戈在提交國會的國情諮文中強調，上任後新設立5個大使館及9個領事館。

7月13日，巴拉圭教師絕食罷工。

7月20日，拉美部分地區嚴寒，巴拉圭估有1000頭牛死於嚴寒。

8月4日，南方共同市場達成協議，制定《海關法》。

8月6日，魯戈被診斷罹患早期淋巴癌。

8月20日，巴拉圭政府推動瓜拉尼語為官方語言。

9月15日，反對黨國會議員要求魯戈辭職，並將職權移交副總統佛朗哥。

9月21日，魯戈解除巴拉圭陸海空軍首長職務。

10月2日，魯戈赴巴西治療，健康狀況回穩，副總統佛朗哥表示，不會因魯戈健康狀況而趁機佔便宜。

10月21日，巴拉圭政府高層惡鬥加劇。

11月23日，巴拉圭、巴西及阿根廷簽訂協議，共同永續管理巴拉圭河及巴拉那河。

11月30日，巴拉圭宣布將成為鈦金屬世界生產中心。

12月24日，巴拉圭經濟成長高達14.5%，穀類和牛肉出口居功厥偉。

2011　2 月 26 日，巴拉圭與阿根廷啟用亞希雷塔（Yacyretá）水力發電站。

5 月 15 日，巴拉圭慶祝獨立建國兩百週年。

6 月 29 日，南方共同市場於亞松森召開高峰會議。

8 月 12 日，魯戈接見臺灣訪問團。

9 月 16 日，巴拉圭成為南方國家聯盟第十一個成員國。

10 月 10 日，巴拉圭公民投票，以 78.41% 通過海外居民擁有投票權。

11 月 9 日，教師、醫生及農民向國會要求加薪。

11 月 11 日，巴拉圭主教譴責墮胎及同性戀。

2012　2 月 6 日，臺灣與巴拉圭簽約，協助興建國宅。

2 月 23 日，巴拉圭要求阿根廷取消貿易保護措施。

2 月 28 日，巴拉圭抗議阿根廷設立貿易壁壘。

3 月 17 日，南方國家聯盟外長於巴拉圭開會。

5 月 18 日，魯戈展開亞洲之旅。

5 月 20 日，魯戈參加中華民國正副總統就職典禮。

5 月 30 日，巴拉圭參議院否決政府預算，引發抗議。

5 月 16 日，巴拉圭農民與警爆發武裝衝突，16 死 80 傷。

6 月 22 日，魯戈遭參議院彈劾罷黜下臺，副總統佛朗哥隨即宣誓就任新總統。

6 月 30 日，烏拉圭、阿根廷及巴西總統召開高峰會，決議在巴拉圭舉行新總統選舉前將其從南方共同市場除名。

參考書目

中文部分:

李明德主編,《簡明拉丁美洲百科全書(含加勒比地區)》,北京:中國社科,2001。

李建忠,《簡明拉丁美洲文化辭典》,北京:旅遊教育出版社,1997。

李春輝,《拉丁美洲史稿》上、下冊,北京:商務印書館,1983。

李春輝、蘇振興、徐世澄主編,《拉丁美洲史稿第三卷》,北京:商務印書館,1993。

林朱綺、朱孟勳主編,《南美洲》,臺北市:臺灣英文雜誌社,1992。

洪育沂,《拉美國際關係史綱》,北京:外語教學與研究出版社,1998。

郝名瑋、徐世澄,《拉丁美洲文明》,北京:中國社會科學院,2000。

高放等編著,《萬國博覽:美洲・大洋洲卷》,北京:新華,1999。

張家哲著;齊世榮主編,《拉丁美洲:從印第安文明到現代化》,北京:中國青年出版社,1999。

楊宗元,《拉丁美洲史》,臺北市:華岡,1977。

詹全友,《印第安文明沉浮錄》,成都:四川人民出版社,1999。

外文部分:

Alcántara, Manuel. *Sistemas políticos de América Latina* (*Volumen I América del Sur*). Madrid: Editorial Tecnos, S. A., 1999.

Aldo Trento, P. *El paraíso en el Paraguay: Reducciones Jesuíticas.* Asunción: Editorial Parroquia San Rafael, 2003.

Bareiro Saguier, Rubén. "*Función Patronal*"*: Una mirada a las fiestas* *patronales del Paraguay*. Asunción: Fotosíntesis, 2002.

Bautista Alberdi, Juan. *La guerra del Paraguay*. Asunción: Intercontinental, 2001.

Benítez, Aníbal. *La historia del Paraguay,* Tomo I Y II. Asunción: Editorial Azeta, 2000.

Caballero Aquino, Ricardo & Quevedo, Roberto. *Historia paraguaya: anuario del Instituto Paraguayo de Investigaciones Históricas*. Asunción: Academia paraguaya, 2002.

Castillo Lagrave, Jorge Celio. *Los dos últimos presidentes austeros del Paraguay*. Asunción: s.n., 2003.

Ceuppens, Henry. *Paraguay: ¿Un paraíso perdido?* Asunción: Editora Litocolor Srl, 2003.

Creydt, Óscar. *Formación histórica de la nación paraguaya*. Asunción: Ediciones Culihue Mimbipa, 2002.

Fogel, Ramón & Diego Hay, James. *La responsabilidad social y la visión del futuro: Paraguay en el siglo XXI*. Asunción: APPG & CERI, 1999.

Guiterrez Escudero, Antonio. *Francisco Solano López*. Madrid: Anaya, 1988.

Haverstock, Nathan A. & P. Hoover, John. *Paraguay in pictures*. New York: Sterling, 1975.

Masi Pallarés, Rafael. *Los 100 paraguayos más notables del Siglo XX*. Asunción: s.n., 2001.

Meliá, Bartomeu. *La lengua guaraní en el Paraguay colonial*. Asunción: Centro de Estudios Paraguayos Antonio Guasch, 2003.

——.*Historia inacabada futuro incierto*. Asunción: Universidad Católica & ISEHF & CEPAG, 2002.

——. *La lengua guaraní del Paraguay: Historia, sociedad y literatura*. Madrid: MAPFRE, 1992.

Paredes, Roberto. *Post-Stronismo: luces y sombras*. Asunción: Biblioteca

Última Hora, 2004.

——. *La lucha de clases en el Paraguay, 1989–2002*. Asunción: R. Paredes, 2002.

Riera Ferraro, Marcos. *Paraguay: Sus hombres públicos y otros temas*. Asunción: M. Riera Ferraro, 2002.

Rivarola, Milda y otros. *Marzo paraguayo: Una lección de democracia*. Asunción: Biblioteca Última Hora, 2001.

Rubiani, Jorge y otros. *La historia del Paraguay*, Tomo Iy II. Asunción: ABC Color, 2000.

——. *La Guerra de la Triple Alianza,* Tomo Iy II. Asunción: ABC Color, 2000.

Russo Cantero, Carlos Marcial & Galeano Perrone, Horacio. *Política exterior, cambios e integración regional: Un enfoque desde la realidad paraguaya*. Asunción: Intercontinental Editora, 2000.

Salum-Flecha, Antonio. *Historia diplomática del Paraguay de 1869 hasta nuestros días*. Asunción: Intercontinental Editora, 2003.

Sánchez Haase, Diego. *La música en el Paraguay*. Asunción: El Lector, 2002.

Tang, Yu-wen. *Paraguay: el proceso de transicion hacia la democracia en los años 90.* Taichung: Providence University. Graduate Program of Department of Spanish, 2002.

Vargas Alvarenga, Eduardo. *Guerra del Chaco*. Asunción: s.n., 2003.

圖片出處

3, 25: Dreamstime; 4, 8, 18, 27, 35: Alamy; 9, 10, 12, 13, 15, 20, 26: Shutterstock; 11: Gilo Labetario; 14: Loney Planet; 16; Corbis: 31, 32, 36, 41: iStockphoto; 33, 34, 37, 38, 39, 42, 43, 44, 45, 46, 47, 49: Reuters; 40: Fernando Reisner; 50: Rene Collin; 6: 陳乃瑜；48：中國時報

在字裡行間旅行，實現您周遊列國的夢想

日本史——現代化的東方文明國家
韓國史——悲劇的循環與宿命
菲律賓史——東西文明交會的島國
印尼史——異中求同的海上神鷹
尼泊爾史——雪峰之側的古老王國
巴基斯坦史——清真之國的文化與歷史發展
阿富汗史——文明的碰撞和融合
阿富汗史——戰爭與貧困蹂躪的國家
伊拉克史——兩河流域的榮與辱
約旦史——一脈相承的王國
敘利亞史——以阿和平的關鍵國
土耳其史——歐亞十字路口上的國家
埃及史——神祕與驚奇的古國
法國史——自由與浪漫的激情演繹
德國史——中歐強權的起伏
捷克史——波希米亞的傳奇

匈牙利史——一個來自於亞洲的民族
羅馬尼亞史——在列強夾縫中求發展的國家
波蘭史——譜寫悲壯樂章的民族
南斯拉夫史——巴爾幹國家的合與分
瑞士史——民主與族群政治的典範
希臘史——歐洲文明的起源
義大利史——西方文化的智庫
西班牙史——首開殖民美洲的國家
丹麥史——航向新世紀的童話王國
低地國（荷比盧）史——新歐洲的核心
愛爾蘭史——詩人與歌者的國度
俄羅斯史——謎樣的國度
波羅的海三小國史——獨立與自由的交響詩
烏克蘭史——西方的梁山泊
美國史——移民之邦的夢想與現實
墨西哥史——仙人掌王國
阿根廷史——探戈的故鄉
巴西史——森巴王國
哥倫比亞史——黃金國傳說
巴拉圭史——南美心臟
祕魯史——太陽的子民
委內瑞拉史——美洲革命的搖籃
加勒比海諸國史——海盜與冒險者的天堂
澳大利亞史——古大陸・新國度
紐西蘭史——白雲仙境・世外桃源

阿根廷史——探戈的故鄉

阿根廷文化兼具南歐的浪漫風情與印第安的熱情奔放，滿街可見大跳探戈，爭踢足球的男女老少。但歡樂的背後，是帝國殖民無情的壓榨。十九世紀獨立以來，文人將領交相掌權，政權更迭頻繁，民眾亦苦不堪言，多番走上街頭抗議不法。且看樂觀開朗的阿根廷人如何擺脫困窘，舞出璀璨的未來。

祕魯史——太陽的子民

提起祕魯，便令人不得不想起神祕的古印加帝國。曾有人說，印加帝國是外星人的傑作，您相信嗎？本書將為您揭開印加帝國的奧祕，及祕魯從古至今豐富的文化內涵及歷史變遷。

加勒比海諸國史——海盜與冒險者的天堂

頭戴三角帽，身穿外套皮靴，或是包著頭巾，穿著襯衫、打著赤腳，他們是惡名昭彰的加勒比海海盜！歡迎一同體驗充滿刺激浪漫的海盜天堂！

委內瑞拉史——美洲革命的搖籃

委內瑞拉在多變的歷史中，形成融合美洲、歐洲、非洲的多元文化，值得您一探究竟。無論是由各洲風味組合而成的國民美食「芭蕉粽」或是來自西班牙的舞鬼節，都展現委內瑞拉豐富多彩的文化內涵。準備好了嗎？翻開書頁，來一趟委內瑞拉的深度旅行吧！

國別史叢書

墨西哥史——仙人掌王國

馬雅和阿茲特克文明的燦爛富庶，成為歐洲人夢寐以求的「黃金國」，然而貪婪之心和宗教狂熱矇蔽了歐洲人的眼，古老的印第安王國慘遭荼毒，淪為異族壓榨的工具，直至今日，身為強大美國的鄰居，墨西哥要如何蛻變新生，請拭目以待。

美國史——移民之邦的夢想與現實

美國是「移民之邦」，是當今世界唯一的超級大國。然而，美國的歷史並不悠久，獨立迄今僅二百餘年，從最早的歐洲移民算起亦不過四百年左右。這不免讓人好奇是什麼樣的文明竟能造就如此繁盛的國家。